Ilse Gutjahr
Iss, mein Kind

Ilse Gutjahr

Iss, mein Kind!

Vollwertkost vom Stillen bis zum Pausenbrot

Dank an alle Eltern, die uns Berichte und muntere Familienfotos zur Verfügung stellten.

Gedruckt auf umweltfreundlich hergestelltem Papier
(chlor- und säurefrei gebleicht)

ISBN 3-89189-064-8
5. Auflage 2005

Umschlaggestaltung: Martin Gutjahr-Jung
Titelfoto: Martin Gutjahr-Jung
Gesamtherstellung: Kösel, Krugzell

Für meine Enkel
Hannah und Felix

Inhaltsverzeichnis

Vollwertkinder

Vollwertkinder

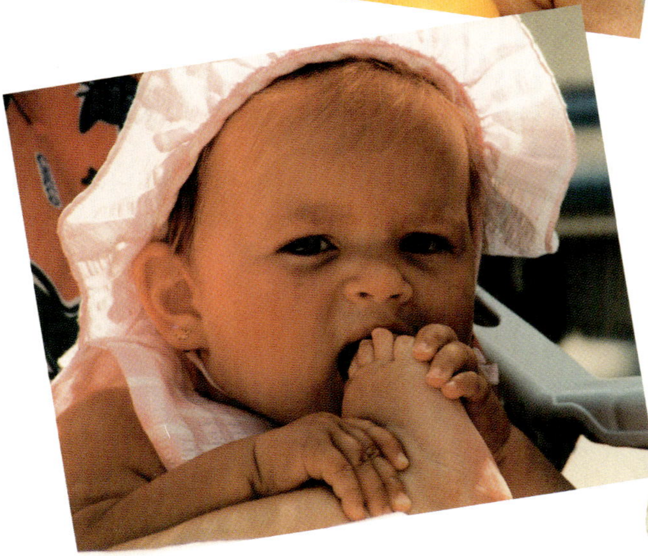

Die Geschichte vom Suppen-Kaspar

Liebe Mütter, Väter, Eltern, Großeltern, Kinderfreunde und alle diejenigen, denen Kinder anvertraut sind ...

Zu Ihrer Beruhigung sei gleich vorab gesagt: Mäkelige Kinder hat es schon immer gegeben. Die Kinder, die ein Haar in der Suppe finden, denen das Essen heute zu kalt und morgen zu heiß ist, denen die Tomatensoße vor drei Wochen besser geschmeckt hat als jetzt, die überhaupt keinen Hunger haben, denen der Bauch weh tut, die im Essen herumstochern, die ständig »das mag ich nicht« auf Lager haben. Bis vor kurzem war Ihr Kind noch ein »Allesesser«. Nun auf einmal aus heiterem Himmel terrorisiert es die ganze Familie, meistens die Mutter.

Sie meinen, Ihr Fall sei ein ganz besonders schlimmer? Da wollen wir doch mal zurückschauen – zum Trost.

Der deutsche Kinderarzt und Schriftsteller Dr. Heinrich Hoffmann (1809–1894) war bekannt durch seine erfolgreiche Arbeit mit verhaltensgestörten Kindern, aber richtig berühmt wurde er durch seine Kinderbücher, die er selbst illustrierte. Besonderes Aufsehen erregte er 1845 mit »Der Struwwelpeter«. Das Buch wurde in beinahe jeder Familie auf den Gabentisch gelegt. Offensichtlich waren die Eltern erleichtert, mit den »Macken« ihres Sprößlings endlich nicht mehr allein dazustehen und sozusagen durchs Schlüsselloch die Intimsphäre anderer Familien betrachten zu können, denen es anscheinend auch nicht besser ging. Nur so ist der große Erfolg dieses Buches zu erklären.

Lesen Sie einmal genüßlich »Die Geschichte vom Suppen-Kaspar«. Schieben Sie mit gutem Gewissen alles, was Sie über »schwarze Pädagogik« gehört haben, beiseite.

Der Kaspar, der war kerngesund,
ein dicker Bub und kugelrund.
Er hatte Backen rot und frisch;
die Suppe aß er hübsch bei Tisch.
Doch einmal fing er an zu schrein:
»Ich esse keine Suppe! Nein!
Ich esse meine Suppe nicht!
Nein, meine Suppe eß ich nicht!«

Am nächsten Tag – ja sieh nur her!
da war er schon viel magerer.
Da fing er wieder an zu schrein:
»Ich esse keine Suppe! Nein!
Ich esse meine Suppe nicht!
Nein, meine Suppe eß ich nicht!«

Am dritten Tag, o weh und ach!
Wie ist der Kaspar dünn und schwach!
Doch als die Suppe kam herein,
gleich fing er wieder an zu schrein:
»Ich esse keine Suppe! Nein!
Ich esse meine Suppe nicht!
Nein, meine Suppe eß ich nicht!«

Am vierten Tage endlich gar
der Kaspar wie ein Fädchen war.
Er wog vielleicht ein halbes Lot –
und war am fünften Tage tot.

Natürlich hat es nicht nur die mäkeligen Kinder schon immer gegeben, sondern auch die mahnenden, nervenden Mütter:

- Iß, mein Kind, damit du groß und stark wirst.
- Iß deinen Teller leer, damit die Sonne scheint.
- Stocher nicht so lange im Essen herum, andere Kinder spielen schon längst.
- Iß wenigstens den Salat, der ist gesund und hat Vitamine.
- Mäkel nicht so rum, andere Kinder in Afrika hungern, weil sie nichts zu essen haben.
- Das wird jetzt gegessen, sonst setzt es was.
- Warum hast du dir so viel aufgefüllt, da waren die Augen wohl mal wieder größer als der Magen.
- Aus dir wird nie was, wenn du nicht ordentlich ißt.

Mit nichts kann ein Kind mehr Aufmerksamkeit erregen als mit Essensverweigerung. Fazit: Nicht so einen Tanz ums goldene Kalb machen. Sind die Eltern sich einig, wie und was gegessen wird, gibt es erfahrungsgemäß auch mit den Kindern in dieser Hinsicht weniger Probleme.

Ist das Essen, besonders das »gesunde« Essen, in der Familie ein spannungsgeladenes, unausgereiftes, ständig wiedergekäutes Thema, spürt das Kind dies genau und spielt erfolgreich sein Das-mag-ich-nicht-Spiel.

Das Kind übt damit Macht aus. Es manipuliert die Eltern. Der kleine Tyrann, die kleine Tyrannin agiert. Das Schlimmste: Die Eltern spielen das Spiel mit. Sie gehören zu diesem System. Spielen Sie nicht mehr mit, bricht das System schlagartig zusammen.

Eine Kollegin erzählte, ihre Mutter habe ganz andere Probleme gehabt. Sie kochte sehr gut, alle drei Kinder waren gute Esser, sie langten immer tüchtig zu. Der Standardspruch der Mutter – er wird heute noch spaßeshalber verwendet – lautete: »Kinder, es reicht, es reicht ...«.

Der Traum jeder Mutter, deren Kind herummäkelt.

Nach Erscheinen der ersten Buchauflage hat sich auch in meiner Familie etwas bewegt. Inzwischen bin ich Großmutter von zwei gesunden und munteren Enkelkindern. Hannah wurde im Februar 1998 geboren, Felix im September 1999. So erlebe ich aktuell und hautnah, daß eine vollwertige Ernährung spielend leicht auch für die Kleinsten zubereitet werden kann. Sie ist nicht zeitaufwendig, außerdem preiswert und abwechslungsreich. Und – ich muß es eigentlich nicht extra betonen – selbstverständlich gesund!

Der kleine Tyrann

Er ißt so gut wie nichts

Sie meinen, die Zeiten, in denen ein Kind zum Essen genötigt wurde, seien vorbei? Sind sie es wirklich? Es kommt sicher nicht mehr so häufig wie früher vor, daß ein Kind zum Essen gezwungen wird. »Es wird gegessen, was auf den Tisch kommt«, »Es muß wohl erst wieder ein Krieg kommen, damit es Euch schmeckt.« Das sind grausige Sprüche, die die heutige heranwachsende Generation zum Glück kaum kennt.

Die besorgten Mütter, seltener die Väter, sind jedoch nicht ausgestorben. Diejenigen, die Angst haben, ihr Kind könne Schaden nehmen, wenn es »nicht ordentlich ißt«. Bei genauerem Befragen stellt sich meistens heraus, daß es nach Meinung der Mutter mengenmäßig nicht genug ißt.

In unserer heutigen Zivilisation, in der wir das Dilemma der »üppigen Mangelkost« erleben (wir kommen später darauf zurück), in der die Kaufhausregale überquellend voll sind, ist noch kein Kind, das A und O sagen kann – also den Mund aufmacht, wenn es etwas möchte –, verhungert.

Unvergeßlich ist mir ein Erlebnis anläßlich einer Messe. Nach einem Vortrag, den ich über Kinderernährung gehalten hatte, sprachen mich Eltern in großer Sorge um ihr zweieinhalbjähriges Kind an. Es spielte sich sinngemäß folgender Dialog ab:

Mutter: »Er ißt fast gar nichts. Ich habe furchtbare Angst, daß er verhungert.«

»Ja, wovon lebt er denn? Irgend etwas muß er ja essen. Daß er gar nichts ißt, gibt es ja nicht.«

Mutter: »Nein, wirklich. Er ißt so gut wie nichts. Und das, was er ißt, erbricht er oft noch.«

»Erzählen Sie doch mal. Wie beginnt der Tag? Was ißt er denn zum Beispiel zum Frühstück?«

Mutter: »Ich sage es Ihnen. Er ißt nichts.«

»??? Er hat doch irgendwann am Tag mal Hunger oder Durst!?«

Mutter: »Natürlich, trinken tut er.«

»Und was trinkt er?«

Mutter: »Wenigstens trinkt er Milch.«

»Und wieviel?«

Mutter: »Ungefähr zwei Liter.«

»Ja, du liebe Zeit, mit der Menge können Sie ja beinahe ein Kalb großziehen. Dann ist es doch kein Wunder, daß er nichts ißt. Damit muß er ja satt sein«, rutschte es mir heraus.

Die Mutter war erstaunt: »Aber Milch ist doch so gesund!«

Dem Vater, der bisher nur zugehört hatte, leuchtete das Argument ein. Als seine Frau für kurze Zeit verschwand, weil sie noch etwas besorgen wollte, nutzte er die Gelegenheit und berichtete Genaueres.

Das »Sorgenkind« war ein Nesthäkchen. Die anderen Geschwister, vier an der Zahl, waren bereits alle berufstätig, lebten aber noch bei den Eltern. Wenn sie nun abends nach Hause kamen, wurde das Küken abgedrückt, geschmust und wanderte beim gemeinsamen Essen von einem Schoß zum anderen. Jeder steckte ihm die besten Happen zu. Es hatte sehr schnell herausgefunden, daß es die Aufmerksamkeit der Familienmitglieder mit allerlei Possen auf sich lenken konnte. Zum Beispiel war es ihm ein Leichtes, das Essen zu erbrechen. Möglichst bei Tisch. Den Zirkus, der sich dann abspielte, genoß es offensichtlich.

Da das Kind als »Spätling« erschien und die Eltern nicht mehr die jüngsten waren, alle anderen Kinder aber ohne Komplikationen Kindheit und Pubertät hinter sich gebracht hatten, bereitete dieser Sonderling »den Alten« Kopfschmerzen. Der Sprößling hatte im

Handumdrehen gelernt, daß ihm mit Essensverweigerung ein wunderbares Druckmittel in die Hand gegeben war. Er konnte die Puppen nach Belieben tanzen lassen.

Der Vater meinte denn auch, eigentlich gehöre seine Frau in die Beratung, nicht das Kind. Der Kleine sei ganz in Ordnung und reagiere normal. Im übrigen sei er aufgeweckt und pfiffig. Da er (der Vater) die Litanei seiner Frau vom »Kind, das verhungern würde« auch nicht glauben mochte, machte er folgenden Test. Im Garten ließ er Obst ins Gras fallen – es war die Erntezeit für Pflaumen, die das Söhnchen besonders liebte – und tat dann so, als beobachte er den Kleinen nicht. Blitzschnell schaute sich der Junge um, ob ihn auch niemand sah, und steckte mit großer Geschwindigkeit das Obst in den Mund. Wenn der Vater mit ihm sprach, hörte er sofort mit dem Kauen auf und sah ganz unschuldig in die Welt.

Das Gespräch setzte ich an diesem Nachmittag noch mit der Mutter fort, erläuterte ihr die Grundzüge einer vitalstoffreichen Vollwerternährung, sprach das »Nesthäkchensyndrom« an und gab den Eltern letztendlich den praktischen Rat, ab sofort nicht mehr so ein Theater um das Thema Essen zu veranstalten. Die Mutter war einsichtig, versprach, sofort die Milch abzusetzen, Vollkornbrot, frisches Obst und Gemüse hinzustellen, so daß das Kind sich selbst etwas nehmen konnte, falls es Hunger bekäme.

Wir sprachen auch noch über die Konstitution des Kindes. Es war angeblich ein zartes, schmales Kerlchen, also ganz aus der Art geschlagen, denn beide Eltern waren stabil und übergewichtig, die erwachsenen Söhne und Töchter ebenfalls von kräftiger Statur.

Diese Begegnung fand Anfang September statt. Im Dezember erhielten wir einen fröhlichen Brief. Der Groschen war gefallen. »Wenn wir nicht aufpassen, frißt er uns eines Tages noch die Haare vom Kopf«, schrieben die glücklichen Eltern. Der Erfolg hatte sich eingestellt, weil Eltern und erwachsene Kinder einsichtig waren und am selben Strang zogen. Mit Erstaunen nahmen alle Beteiligten zur Kenntnis, daß hier ein kregeles Bürschchen heranwuchs. Das entsprach zwar nicht dem gewohnten kräftigen Familienmuster, sondern war zart, aber zäh und gesund.

Stillen oder Die Natur zeigt, wo es langgeht

Jedes in der freien Natur lebende Säugetier stillt sein Junges. Wachstum und Entwicklung zeigen auf, wann das Tierkind in die Selbständigkeit entlassen werden kann. Mit der ersten Stunde seines Erdendaseins beginnt die Mutter mit dem Unterricht für das eigenständig zu führende Leben. Es täte uns gut, ab und zu einen Blick ins Tierreich zu werfen. Denn an unserer Einstellung zu Geburt und Stillen erkennen wir, wie sehr uns der Bezug zum Natürlichen verloren gegeganen ist. Eine Schwangere wird zum Beispiel wie eine Kranke behandelt und ständig in die Sprechstunde bestellt. Der »moderne« Gynäkologe begnügt sich nicht mehr mit Abtasten und Abhorchen, sondern untersucht laufend mittels Ultraschall – eine Methode, die nicht von allen Ärzten gutgeheißen wird. Zu häufiges Beschallen, also »Anschreien« des Ungeborenen mittels Schallwellen, erhöht die Gefahr der Fehl- und Frühgeburt.

Welche Wirkung Ultraschall haben kann, zeigt der Bericht einer Patientin, deren Gallenblase/Gallengänge mit Hilfe von Ultraschall untersucht werden sollten. Man hatte die Patientin schlichtweg vergessen und etwa 40 Minuten beschallt, statt der üblichen Zeit von wenigen Sekunden (Minuten). Sie ließ uns mitteilen (schreiben konnte sie selbst nicht mehr), daß seit dieser Stunde eine Veränderung mit ihr geschehen sei. Sie sei ein anderer Mensch, der sich nicht mehr zurechtfände. Sie leide von Stund an unter Gefühllosigkeit in den Händen, Armen und Beinen. Sie könne sich schlecht konzentrieren, sei müde, antriebsarm/schlafreduziert und habe das Gefühl, als sei in ihrem Körper alles »durcheinander geraten«. Eine Besserung dieses Zustands war auch nach Wochen nicht eingetreten.

Natürlich können Sie jetzt sagen: »Diesen Fehler darf man nicht mit der korrekten Anwendung vergleichen.« Vergleichen wollen wir auch nicht, sondern aufzeigen, daß Ultraschall keine harmlose Angelegenheit ist, wie es von den Befürwortern dargestellt wird. Selbst die Weltgesundheitsorganisation (WHO) hat vor unkontrolliertem und übertriebenem Einsatz gewarnt.

Doch zurück zum Thema. Der Esser (»Fresser«) wird nicht geboren, sondern erzogen. Das beginnt meistens schon mit dem Stillen. In dem Buch »Biologischer Ratgeber für Mutter und Kind« (Dr. M. O. Bruker/Gutjahr, emu-Verlag) haben wir ausführlich aus der Praxis über Stillen und Beikost berichtet. Stillen ist die normalste Sache der Welt. Es hat sich die alte Regel bewährt, eine Brust leertrinken zu lassen. Der Grund: Die Zusammensetzung der Milch ändert sich während des Stillens. Zunächst löscht sie den Durst, weil sie »dünner« ist, also wasserhaltiger. Im Laufe des Stillvorgangs wird sie »dicker«, also sättigender und nährstoffreicher. Legt man das Kind an beiden Brüsten nur kurze Zeit an, hält die Nahrung nicht lange vor. Das Kind hat bald wieder Hunger.

Unsere Telefonberatung nahm einmal ein besonders aufgeregter Vater in Anspruch. Auch hier war Adebar nach 14jähriger Pause noch einmal aktiv geworden. Beide Eltern fühlten sich, als sei es das erste Kind. Die Erinnerung an die Versorgung der ältesten Tochter war verblaßt. Alles schien diesmal besonders kompliziert, weil der neue, männliche Erdenbürger »Tag und Nacht schrie«. So lauteten jedenfalls die Berichte am Telefon.

»Wird er gestillt?« war natürlich unsere erste Frage.

»Selbstverständlich«, kam die prompte Antwort.

»Hat Ihre Frau genug Milch?«

»Ach, wir könnten noch ein zweites Kind damit durchfüttern, so viel hat sie!«

Nach langem Hin und Her stellte sich heraus: Der stramme Stammhalter richtete es sich an Mutters Busen bequem ein, trank nur ein bis zwei Minuten und schlief dann sofort fest ein. Beide Eltern betrachteten ihn hingebungsvoll. Sie mochten ihn nicht wecken, legten ihn sanft beiseite – und nach etwa einer Stunde brüllte er prompt. Dieser Stundentakt dauerte bereits 14 Tage. Wir

14 Wochen

Prächtige Stillkinder

15 Wochen

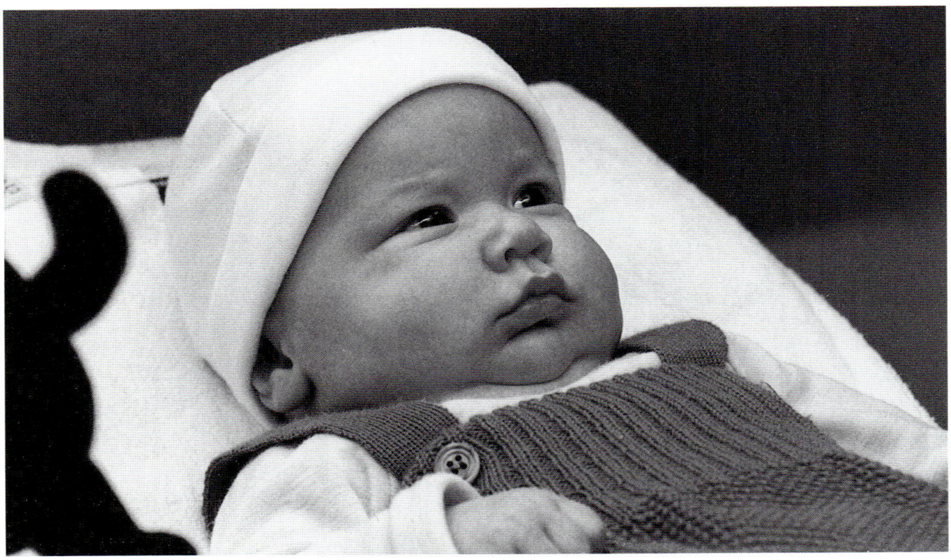

ermunterten die Eltern, den Sohnemann liebevoll wachzurütteln und ihn zum zügigen Trinken anzuhalten, damit er in den Genuß der nährstoffreicheren Milch gelange. Es klappte sofort. Der Familienfrieden war wieder hergestellt.

Ultraschall

Ultraschall ist nicht so harmlos, wie es allgemein behauptet wird. Man setzt es auch zur Zertrümmerung von Nierensteinen und zur Tumorbehandlung ein. Ultraschall kann auch chemische Reaktionen auslösen. Prof. Dr. Arnim Henglein, Physiker am Hahn-Meitner-Institut in Berlin, fand heraus, daß Riesenmoleküle wie Eiweiße und die Erbsubstanz DNA dabei zersetzt werden können.

Um eine Schwangerschaft nachzuweisen, ist eine Ultraschalluntersuchung nicht nötig. Ein üblicher Test – in jeder Apotheke erhältlich – und eine Untersuchung durch die Hebamme oder den Arzt genügen vollauf.

Die modern gewordenen viel zu häufigen Ultraschalluntersuchungen während der Schwangerschaft bieten keine Gewähr für ein gesundes Kind, sondern können sich – zu oft und unexakt angewandt – gesundheitsgefährdend auswirken.

Und er schreit doch!

Zunächst braucht der Säugling natürlich eine gewisse Zeit, um seinen individuellen Schlafrhythmus zu finden. Da gibt es die Vorzeigebabies, die von Anfang an nur vier- bis fünfmal aus ihrem Schlaf auftauchen, trinken und sich wieder ihren Träumen hingeben. Andere haben in den Pausen zwischen den Mahlzeiten hellwache, aber ruhige Phasen. Dann gibt es die Unruhigen. Sie quengeln tagsüber häufig, wollen nachts nicht recht schlafen und halten die Familie ständig auf Trab.

Da so ein Winzling noch nicht sprechen kann, muß man zwangsläufig wie ein Detektiv herausfinden, wo die Ursachen liegen könnten. Ist das Familienleben zu hektisch, die Mutter überlastet, das Kind zu warm angezogen, das Zimmer zu warm oder zu kalt ...

Kinder, auch schon Neugeborene, sind kleine Persönlichkeiten, die es zu respektieren gilt. Die Natur hat ihnen Grundinstinkte mitgegeben, für deren freie Entfaltung die Eltern zu sorgen haben. Dazu gehört auch ein Ordnungssinn. Ideal ist es natürlich, wenn von Anfang an ein bestimmter Stillrhythmus gefunden wird. »Das Kind darf trinken, so oft es mag«, ist nur bedingt richtig. In den ersten Tagen nach der Geburt kann dieser Rat gelten. Es empfiehlt sich dann aber, allmählich einen Rhythmus zu finden. Legen Sie zum Beispiel etwa alle vier Stunden an: 6 Uhr, 10 Uhr, 14 Uhr, 18 Uhr, 22 Uhr. Darin steckt ein nicht zu unterschätzender erzieherischer Wert. Dies ist die erste Lernphase für das Kind. Die Mutter kommt so zu ihren wohlverdienten Ruhepausen. Schreit der Sprößling trotzdem, obwohl er satt geworden ist, muß geprüft werden, ob er zu hastig getrunken hat, ob das Saugerloch (bei Flaschennahrung) zu groß ist, so daß zuviel Luft geschluckt wurde. Ein »Bäuerchen«, ungesüßter Fencheltee (auch Kümmeltee) bringen meistens Abhilfe.

Blähende Speisen der Mutter?

Schreiphasen hat es bei Säuglingen schon immer gegeben. Die toxische (umweltvergiftete) Gesamtsituation kann natürlich bei den sogenannten »Blähungen« auch eine Rolle spielen. Denn Muttermilch und Beikost sind nicht mehr schadstofffrei, auch wenn sich die Mutter bemüht, Produkte aus biologischem Anbau zu beziehen.

Eine Studie an der Universität Würzburg hat bereits Anfang der 80er Jahre gezeigt, daß die Ernährung der Mutter bei den sogenannten »Blähungen« der Säuglinge keine Rolle spielt. Es wurden Mütter in den Test einbezogen, die ihre Kinder voll stillten, zufütterten, ausschließlich Flaschennahrung gaben und solche, die alles selbst zubereiteten, also keine Pulvermilch nahmen.

Was die Schreiphasen betraf, heute spricht man von Drei-Monats-Koliken, gab es keinen Unterschied zwischen Gestillten und Nicht-Gestillten. Bei den Stillkindern war die Nahrung der Mutter in Bezug auf »blähende Speisen« ohne Belang. Die Warnungen vor Kohl, Lauch, Zwiebeln, Rettich, Knoblauch, Paprika usw. stellten sich als unberechtigt heraus, da sie sich nicht nachteilig auswirkten. Das wußten die alten Hebammen aber schon immer. Es kann auch nicht anders sein, denn in den Ländern des Mittelmeerraumes werden diese angeblich »blähenden« Speisen ja vorwiegend gegessen. Dort gibt es ausgesprochen friedliche, fröhliche Kinder. Dort achten die Erwachsenen ein Kind aber auch als Persönlickeit und beziehen es voll in das Familienleben ein. Am späten Abend lärmen die Kleinsten noch auf der Straße herum. Sie dürfen schreien … Vielleicht, so meinte der bekannte Psychotherapeut Erwin Ringel aus Wien einmal spaßeshalber, kommen deshalb so viele gute Tenöre aus dem Süden. Sie konnten ihre Stimme bereits in der Kindheit tüchtig trainieren.

Wie lange sollte das Kind gestillt werden?

In Naturvölkern werden mehr Kinder geboren als in unserer zivilisierten Welt. Dort ist es durchaus üblich, daß die Frauen ununterbrochen stillen, so daß auch die größeren Kinder gelegentlich immer noch an die Brust der Mutter zurückkehren können. Kommt so etwas bei uns ausnahmsweise vor, wird die Mutter als »nicht normal« angesehen.

Die erste Mohrrübe (7 Monate)

Geburtenregelung ist ein Segen. Die Zeiten, in denen Frauen unkontrolliert ein Dutzend und mehr Kinder bekommen *mußten*, sind zum Glück vorbei. Der Aberglaube, Stillen schade der Figur, mache einen schlaffen Busen und schwäche die Mutter, geistert jedoch immer noch durch viele Köpfe und wird häufiger geglaubt, als Sie vermuten.

Kürzlich teilte mir eine Patientin hier in unserem Haus mit, ihre Tochter stille seit 17 Jahren ununterbrochen. Sie habe fünf Kinder, das älteste sei 17, das jüngste 2 Jahre alt. In all den Jahren habe sie ohne Unterbrechung bis etwa zum dritten Lebensjahr jedes Kind voll gestillt. Sie fühle sich prächtig dabei, stoße aber nur auf Unverständnis, so daß es ihr schon peinlich sei, darüber zu sprechen.

Wenn das Kind den ersten Zahn bekommt, ist dies als ein Zeichen der Natur zu sehen, daß es auch einmal in etwas Festeres hineinbeißen möchte und darf (s. Foto Seite 25). Feste Regeln für den Zeitpunkt des Abstillens lassen sich pauschal nicht aufstellen. Ungefähr mit einem Jahr kann das Kind alles mitessen, was am Familientisch vollwertig angeboten wird. Es kann dann meistens schon laufen und möchte die ganze Welt entdecken und erobern. Automatisch tritt das Stillen in den Hintergrund, die zweite »Abnabelung« von der Mutter wird vollzogen.

Es gibt natürlich auch frühere oder spätere Abstiller. Es gibt aber auch Extremfälle, in denen Mütter das Kind nicht »hergeben« mögen. Sie klammern und genießen die Vertrautheit mit dem Kind, möchten es »behalten«. Dem Kind zuliebe sollten diese Mütter loslassen, ihr eigenes Leben kritisch betrachten, sich selbst und die Partnerbeziehung wichtig nehmen, eventuell eine gute Lebensberatung in Erwägung ziehen, wie wir sie zum Beispiel in unserem »Dr. Max Otto Bruker Haus« in Lahnstein anbieten.

Es wird gar nicht so selten das Problem der wunden Brustwarzen angesprochen. Fast immer stellt sich heraus, daß das Kind zu lange an der Brust genuckelt hat, obwohl es bereits satt war. Eine Stunde und länger ließen Mütter ihre Kleinsten »schnullen«, weil sie meinten, mit dieser Innigkeit dem Kind Gutes zu tun. Die Brustwarzen waren oft so wund, daß die Milch nur noch vorsichtig abgestrichen werden konnte. Hautkontakt ist wichtig. Aber er muß nicht nur an der Brust stattfinden. Lassen Sie das Kind doch nackt auf Ihrem ebenfalls nackten Körper liegen. Auch der Vater darf und sollte sich und dem Kind so eine Kuschelstunde regelmäßig gönnen. Eine mollige Decke, über beide ausgebreitet, hält warm und gibt Geborgenheitsgefühl.

Der Wert des Stillens ist gar nicht hoch genug einzuschätzen. Das Kind muß sich jeden Tropfen Milch aktiv erarbeiten. Der Einsatz lohnt sich, denn Muttermilch macht nicht nur satt, sondern schmeckt angenehm süß (ca. 7,5% Milchzucker). Durch das Saugen wird enzymhaltiger Speichel abgesondert, der die Verdauungsprozesse einleitet, aber auch die Entwicklung des Kiefers und der Gesichtsmuskulatur positiv beeinflußt.

Ein Kind, das nur zu schlucken braucht, weil das Saugerloch (bei Flaschennahrung) so groß ist, daß die Nahrung wie im Schlaraffenland von allein fließt, macht die frühe (negative) Erfahrung, daß die Sättigung ohne Anstrengung erfolgt.

Die Psychologin Christa Meves malte schon vor über vierzig Jahren ein düsteres Bild. Sie stellte »neurotische Verwahrlosung mit der Symptomtrias Bindungslosigkeit, Passivität und Ordnungsfeindlichkeit, mit Negativismus und Neigung zu Raub- und Gewaltkriminalität« in Aussicht, je mehr Minusvarianten am Lebensstart eines Menschen vorhanden seien.

Stillen sättigt nicht nur den Leib, sondern auch die Seele.

Das Leben mit einem Neugeborenen

Andrea Adler, Gesundheitsberaterin GGB, berichtet: »Nach einer problemlosen Schwangerschaft (wir ernähren uns seit sieben Jahren mit vitalstoffreicher Vollwertkost; seit vier Jahren tiereiweißfrei) ist Raphael am 29. April 1995 bei uns gelandet.

Die Milch schoß problemlos ein. Ich habe Raphael nach Bedarf, ca. alle drei Stunden, angelegt. Die Neugeborenengelbsucht war schnell verschwunden.

Raphael gedeiht nur mit Muttermilch so gut, daß der Kinderarzt schon von einer zu starken Gewichtszunahme sprach. Nach Rücksprache mit unserer Hebamme ließen wir uns aber nicht beirren und

3 Tage alt

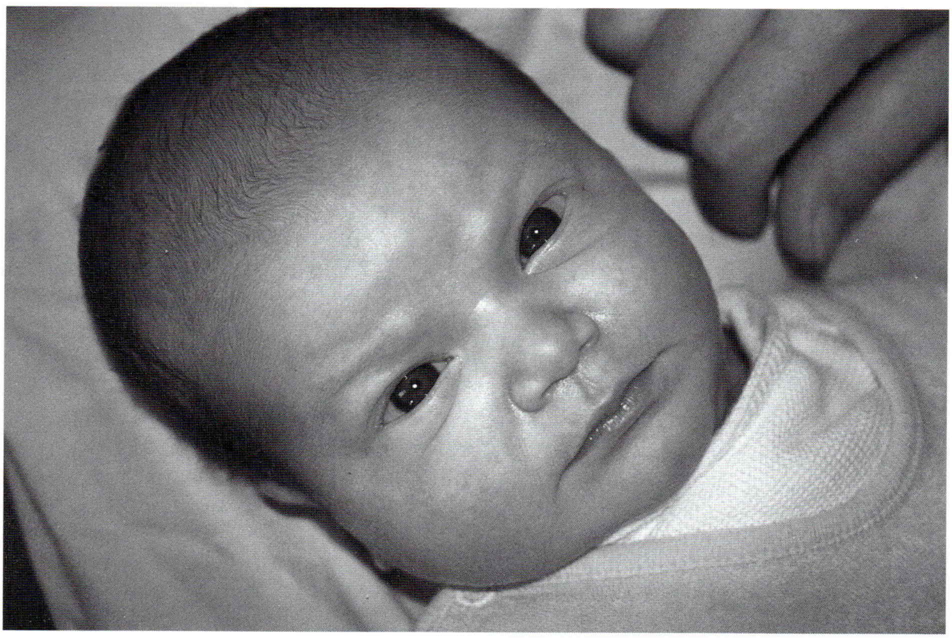

stillten weiterhin je nach Bedarf. Die Gewichtszunahme regelte sich in den kommenden Wochen von selbst. Jetzt, mit sechs Monaten, stille ich Raphael noch voll. Er ist ein zufriedenes Kind. Er schreit nur, wenn er Hunger (Durst) hat. Meistens reicht dabei aber ein leichtes Maunzen aus.

Wir können ihn überallhin mitnehmen, sei es zur Tagung nach Lahnstein, auf Feiern oder zu Vorträgen. Zufriedenheit erreichen wir vor allem dadurch, daß wir unseren Sohn viel tragen. Wir benutzen das Tragetuch in jeder Lebenslage. Raphael genießt die Körpernähe im Tuch und erlebt seine Umwelt wesentlich bewußter.

Wir mußten unser Leben mit Kind kaum neu organisieren. Raphael läuft überall so mit. Zwar richten wir uns mit seinen Still- und Schlafphasen nach ihm, er dankt uns das, indem er sehr pflegeleicht ist und freundlich alle anlächelt. Wir haben noch nie soviel gelacht wie im letzten halben Jahr.

Sobald sich Raphael nachts zum Stillen meldet, hole ich ihn in unser Bett, lege ihn an und schlafe meist vor ihm ein. Deshalb ist es auch kein Drama für uns, wenn er nachts zeitweise noch alle vier Stunden Durst bzw. Hunger hat. Wir nehmen es so, wie es kommt.

In seiner Freizeit, sprich am Morgen, Abend und Wochenenden, beschäftigt sich mein Mann Andreas meistens mit Raphael. So haben wir beide viel von unserem Sohn. Dieser bekommt viele verschiedene Anregungen durch zwei Bezugspersonen. Und das Wichtigste ist: Niemand wird genervt.

Sobald die Zähne durchbrechen, wollen wir zufüttern, natürlich fein geriebenes Obst und Gemüse.

Geimpft ist Raphael nicht. Bleibt noch zu erwähnen, daß er noch nicht krank war und auch die Drei-Monats-Koliken, die fast alle Kinder im Bekanntenkreis haben, nicht hatte.«

Ich kann nicht stillen, was nun?

Auch an dieser Stelle möchte ich noch einmal auf das Bruker/Gutjahr-Buch »Biologischer Ratgeber für Mutter und Kind hinweisen«. Es ist ein wichtiger Helfer für die ersten Lebensjahre des Kindes, weil dort auch heikle Themen, wie z. B. das »Impfen«, von dem erfahrenen Arzt Dr. M. O. Bruker ausführlich besprochen werden.

Was haben die Mütter früherer Generationen gemacht, wenn sie nicht stillen konnten? Natürlich verhungerten diese Kinder nicht. 1988 wurde im Fernsehen ein interessanter Film über das Leben der Tuareg gezeigt. Floss die Muttermilch schwächer, weil die Nahrung dieser Wüstenbewohner ebenfalls knapper ausfiel, kauten die Frauen ihre eigenen Speisen zu einem flüssigen Brei und schoben ihn den Säuglingen als »Zusatznahrung« in den Mund.

Aus den Berichten meiner Großmutter weiß ich, daß die Arbeiterfrauen auf dem Land es sich gar nicht leisten konnten, lange im Wochenbett zu liegen. Wenige Tage – oft Stunden! – nach der Geburt gingen sie wieder aufs Feld, legten das Kind, in Tücher gewickelt, in eine Ackerfurche. Als erste Beikost kauten sie Brot zu Brei und verabreichten es dem Kind von Mund zu Mund. Das war Ende des letzten Jahrhunderts – meine Großmutter lebte 1874–1959 – bei der Arbeiterschicht völlig normal. Die Zähne der Mütter waren damals aber noch in tadellosem Zustand und appetitlich anzusehen. Unsere heutigen desolaten Gebisse sind allein aus hygienischen Gründen nicht gerade zum Nachahmen dieser »Atzung« zu empfehlen. Meine Großmutter diente in einem Haus, in dem Ammen gehalten wurden. Wegen der Sorge um ihre geschnürte Taille und den angehobenen Busen stillte »die Gnädige« nicht. Außerdem hinderte das Stillen offensichtlich an den vielen gesellschaftlichen Verpflichtungen und war lästig.

Meine Mutter (1904–1974) war frei praktizierende Hebamme. In rund 45 Berufsjahren holte sie über 8000 Kinder auf die Welt, davon einen Großteil bei Hausgeburten. Etwa die Hälfte wurde in der modern werdenden Klinik geboren, und ein beachtlicher Teil kam gegen Kriegsende in unserer hauseigenen Wochenstube zur Welt. Drei bis vier Betten waren immer belegt. Als Vierjährige erhielt ich so ganz nebenbei den ersten Aufklärungsunterricht, denn die Frauen kamen mit Bauch und gingen mit Kind. Wir – mein Bruder und ich – wurden einbezogen in dieses aufregende Geschehen. Konnten die Mütter nicht stillen – und das war nicht selten der Fall, es fehlte ja an allem, nicht nur an Kleidung, sondern auch an Nahrung –, gingen wir zu den Bauern und baten um Milch für die Neugeborenen. Da meine Mutter eine bekannte und beliebte Hebamme war, gab man »Anna« – sie wurde von den meisten beim Vornamen genannt – gern Kuhmilch und manch andere Liebesgabe wie Brot und Eier für Mutter und Kind ab.

Ich erinnere mich, daß ein Frühgeborenes so winzig war, daß es in kein Hemdchen und kein Jäckchen paßte; die Windeln waren riesige Tücher, gemessen an diesem zarten, fast durchscheinenden Körper. Also packte meine Mutter das Kind kurzentschlossen in eine kleine hölzerne Zigarrenkiste, die vorher sorgfältig mit Watte ausgepolstert worden war. Zugedeckt wurde der Winzling ebenfalls mit Watte. Dann wurde der Backofen in der Küche angeheizt und Mutter, Großmutter, Tante hielten Tag und Nacht im Wechsel Wache, ließen das Feuer nicht ausgehen, so daß es wohlig warm war für das Kind. Einen liebevoller umsorgten Brutkasten hat es sicher nie wieder gegeben. Ein unvergeßliches Erlebnis für mich. Ernährt wurde der Säugling mit Kuhmilch, denn einerseits hatte die Mutter nicht genug Milch, andererseits war das Kind zum Saugen zunächst zu schwach. Die warme Kuhmilch wurde mit einer Pipette in den kleinen Mund geträufelt. Es gedieh unter dieser Pflege zusehends.

Unvergeßlich ist mir auch die Sicherheit in Erinnerung, mit der meine Mutter die Geburten durchführte und die der Geburt folgende Mütter- und Stillberatung abhielt. Dabei ging es nicht immer nur um das Stillen. Das Kind wurde jedesmal ausgezogen und gründlich angeschaut. Die Mütter trugen nebenbei ihre persönlichen Sorgen vor, besprachen Familienprobleme, Geldnöte, Ärger mit dem Partner, Kummer mit den Kindern, der Schwiegermutter, Ärger am Arbeitsplatz. Oft herrschte in den Familien bittere Armut. Meine Mutter teilte das letzte Hemd oder organisierte eines. Man erwartete von ihr Rat und Hilfe. Und sie wußte immer einen Ausweg.

So lernten mein Bruder und ich rechtzeitig, daß nichts so schwer ist, daß man es nicht auch tragen kann. Wir lernten, daß das menschliche Leben ein unfaßbares Wunder ist, das anderen Gesetzen unterliegt, als man es heute mit der Technik um jeden Preis erzwingen will.

Konnte eine Mutter nicht stillen, wurde selbstverständlich Kuhmilch verabreicht. Falls der Säugling mit Empfindlichkeiten wie Durchfall, Hautausschlag oder – in ganz seltenen Fällen – Erbrechen reagierte, wurde die Milch verdünnt. In manchen Fällen gab es zunächst $1/3$ Milch, $2/3$ Wasser, nach wenigen Tagen wurde zugelegt auf $1/2$ und $1/2$, dann $2/3$ Milch und $1/3$ Wasser. Unter genauer Beobachtung des Säuglings konnte das richtige Maß herausgefunden werden, so daß sein Wohlbefinden und die Gewichtszunahme sich einstellte.

Nach wenigen Wochen erhielt das Kind teelöffelweise frisch ausgepreßten Möhrensaft als Beigabe. Dann folgte zügig der erste geriebene Apfel auf der altbewährten Glasreibe. Mit etwa zwei bis drei Monaten aß das Kind den ersten Brei.

Ich erinnere mich an eine Begebenheit aus der Hebammenzeit meiner Mutter. In einer Familie auf dem Lande hatte sie in der Nachkriegszeit das dritte Kind geholt. Es war endlich der ersehnte Stammhalter. Der Vater hatte durch gute Beziehungen zur Feier des Tages Salzheringe organisiert. Aus Begeisterung über die Geburt des Sohnes und seine Hamsterware ließ er den gerade geborenen Sprößling ausdauernd am Hering lutschen. »Und das Kind?« fragen Sie vielleicht entsetzt. Nun, das Kind hat geschmatzt, das Gesicht ein wenig verzogen ob dieser ungewohnten Kost, aber es war wohlauf und hat keinen Schaden genommen.

Wie wurde ein nichtgestillter Säugling vor 100 Jahren ernährt?

Ist es unmöglich, das Kind an der Mutterbrust zu ernähren, welche Fälle leider heut nicht vereinzelt dastehen, und ist es ferner undurchführbar, eine Amme zu halten, so gebe man dem Säugling Milch von ein und derselben gesunden, naturgemäß gepflegten Kuh, mit Wasser verdünnt und etwas Zucker (von letzterem aber nur wenig). Zuträglich ist ferner ein aus Hafer- oder Weizenschrot zubereiteter Trank, weil er alle notwendigen Nährsubstanzen enthält und dabei unschädlich ist. Man kann diesen Trank auch durch Zusatz von Milch oder Zucker etwas schmackhafter machen. Die Hülsen möge man jedoch mittels Durchseihen entfernen. Auch Obst ist nur förderlich für die Gesundheit.

Man schabe z. B. Äpfel und gebe dies den Kleinen, wie ich dies schon oben erwähnt habe.

Quelle: F. E. Bilz: »Das neue Naturheilverfahren« Verlag von F. E. Bilz, Leipzig, ca. 1900

Milch-Imitate oder Food-Design fürs Baby

Die Säuglingskost, die die Nahrungsmittelkonzerne anbieten, rangiert in der Kollath-Tabelle (s. S. 132/133) in der wertärmsten Spalte, nämlich in der Gruppe VI »Präparate«. Es handelt sich bei den Milchpräparaten um Imitate, denn sie werden – wie die Margarine – »zusammengebastelt« wie bei einem Puzzle. Vom ursprünglichen Ausgangsprodukt Kuhmilch bleiben nur Wortspiele übrig. Schauen wir uns die Inhaltsstoffe derartiger Food-Designer-Produkte für Neugeborene einmal an: entmineralisierte Molke, entrahmte Milch, pflanzliche Fette, Quellstärke, Lactose, Maltodextrin, Emulgator Lecithin, Vitaminmischung, Eisensulfat, Vanillin oder Getreidegrieß (Reis, Mais) – als Auszugsmehl! –, Magermilchpulver, pflanzliche Öle und Fette in veränderlichen Gewichtsanteilen, Zucker, Vollmilchpulver, Fruchtzucker, Traubenzucker, Calciumcarbonat, Gewürze: Glucosesirup, Vitamin C, Milchzucker, Eisen, Niacin, Vitamin E, Calcium, Vitamin D, B1, B2, B6, Kaliumjodid.

Mit anderen Worten: Addieren wir die genannten Fabrikzuckerarten, rangieren sie vor den Auszugsmehlen an erster Stelle dieser minderwertigen Kost. Ferner werden gewöhnliche raffinierte Fabrikfette verwendet, synthetische Vitamine, Mineralien (erst entzieht man sie der Molke, dann fügt man später wieder welche zu), Aromastoffe. Quellstärke dient der Saugfähigkeit dieses Pulvers. Sie sorgt dafür, daß das Präparat »Fülle« erhält und gut gleitet. Statt gewöhnlicher Stärke werden physikalisch oder enzymatisch modifizierte Stärken bevorzugt. Magermilchpulver (wir haben bei der einseitigen Milchwirtschaft genug auf Halde) ist neben H-Milch das Minderwertigste, was man aus ursprünglich frischer Rohmilch herstellen kann. Abgerundet wird alles durch einen Emulgator, der die Bildung einer Emulsion und deren Stabilität bewirken soll.

Seit 1990 wird der Erstlingsnahrung Kaliumjodid beigegeben, ohne auf die nachteiligen Wirkungen dieses differenten (verschiedenen, einen Unterschied ausmachenden) Stoffs hinzuweisen.

Warnung vor jodiertem Salz!

Die Deutsche Gesellschaft für Ernährung (DGE) und andere Organisationen, die sich mit Gesundheitsfragen befassen, empfehlen die Einnahme von jodiertem Salz, um eine ausreichende Jodversorung zu erreichen. Bäcker, Metzger, Köche, Kantinen und (fast) die gesamte Gastronomie beteiligen sich an dieser Kampagne. Man behauptet, die Bundesrepublik sei ein Jodmangelgebiet, weil die Eiszeit vor 10 000 (!) Jahren das Jod ins Meer gespült habe. Man geht stillschweigend davon aus, daß die Störungen der Schilddrüse nur durch Jodmangel entstehen. Dies ist nicht der Fall. Um richtig funktionieren zu können, benötigt sie ebenfalls Vitamine und andere biologische Wirkstoffe. Eine Funktionsstörung kann auch durch Lebensbelastungen entstehen und durch die toxische Gesamtsituation.

Im Einzelfall muß der Arzt den Patienten gezielt behandeln. Bäcker, Metzger und Köche sind dafür jedenfalls nicht zuständig!

Mit einer unkontrollierbaren Einnahme, wie sie durch die Speisesalzjodierung vorangetrieben wird, werden Schilddrüsenstörungen begünstigt. Bereits bei geringer Dosierung kann es nachweislich zu gesundheitlichen Störungen kommen. Entziehen Sie sich dieser Zwangsmedikation. Lassen Sie es nicht zu, daß Grundnahrungsmittel zu Medikamententrägern gemacht werden. Kaufen Sie Ihr Brot zum Beispiel nur bei dem Bäcker, der nachweislich *nicht mit Jodsalz backt.*

Ausführliches können Sie in dem Jodkrimi »Störungen der Schilddrüse« lesen (Bruker/Gutjahr, emu-Verlag).

Das Beste für Ihr Kind?

Etwa 1,5 Millionen Liter Molkeabfall produziert ein Molkereigroßbetrieb täglich. Die Molke wird unter anderem zentrifugiert, gereinigt, entfettet, vakuumverdampft, sprühgetrocknet, entmineralisiert. Nach Ultrafiltration, Elektrodialyse und Umkehrosmose präsentieren derartige Milchkonzerne mit diesem Produkt eine spezifische Eiweißfraktion, die es in der Form vorher noch nicht gab. Es ist noch ungeklärt, wie Menschen auf diese veränderten Eiweiße reagieren, wenn sie regelmäßig über lange Zeit gegessen werden. Diese Molkeproteine werden der Pulvermilch für Säuglinge zugefügt, die die meisten Eltern dank der pausenlosen falschen Werbung wiederum als »das Beste für ihr Kind« ansehen.

Keine Gefahr in der Rohmilch

Am 14. Februar 1995 erfuhren die Fernsehzuschauer, daß der Verzehr von Rohmilch lebensgefährlich sei, ja sogar tödlich verlaufen könne. Die Deutsche Gesellschaft für Ernährung (DGE) und die Milchindustrie warnten vehement vor dem Verzehr von Rohmilch. Die gesamte Presse griff dieses Thema auf. Als »Gefahr« nannte man Escherichia coli, auch als E-coli bezeichnet. Nach mehreren Monaten gab das Landwirtschaftliche Wochenblatt (22/95) Entwarnung. Der gewünschte »Erfolg« hatte sich jedoch schon eingestellt: Zahlreiche Bauern, die Rohmilch ab Hof verkaufen, klagten über nicht wiedergutzumachende Verluste. Der verängstigte Kunde traute sich nicht mehr, Rohmilch zu trinken.

Ein drastisches Beispiel für die Zusammenarbeit der DGE mit der Industrie. Das Peinliche daran: Escherichia coli gehören zu den Bakterien, die ubiquitär sind (überall vorkommend). Wenn unberechtigte Ängste vor E-coli geweckt werden, dann hätte man ebenso vor dem Genuß von rohem Fleisch (Gehacktes, Schabefleisch, Mett) warnen müssen.

In NordrheinWestfalen hat die Veterinär- und Lebensmittelüberwachung in mehr als 1000 Proben keine Escherichia coli gefunden. Fairerweise hätten DGE und Milchindustrie jetzt Entwarnung geben müssen. Man ging jedoch stillschweigend über die wahren Fakten hinweg und überließ Bauern und Verbraucher ihrem Dilemma.

Ein Blick hinter die Kulissen

Dr. M. O. Bruker hörte als junger Student noch Vorlesungen von Prof. Czerny an der Berliner Charité. Czerny war ein berühmter Kinderarzt, der täglich in der Praxis demonstrierte, daß Säuglinge, die nicht gestillt werden konnten, prächtig mit Erwachsenenkost gediehen. Natürlich wurde ihnen nichts Gesottenes und Gebratenes vorgesetzt, sondern – der Muttermilch entsprechend – eine natürliche Kost angeboten. Die Basis dafür war Gemüse, Obst, Kartoffeln, Kuhmilch in pürierter Form.

Die Ausbildung der Ärzte und Hebammen über künstliche Säuglingsnahrung erfolgte in den ersten Jahrzehnten unseres Jahrhunderts (also etwa bis 1940) auch nach den Richtlinien Prof. Birks, der ebenfalls für die natürliche »Ersatznahrung« aus eigener Herstellung plädierte. Auch seine Vorlesungen hörte Dr. M. O. Bruker noch.

Der Sohn des berühmten Schweizer Arztes Bircher-Benner, der Kinderarzt Dr. Max Edwin Bircher, konnte bereits in der Zeit vor dem Krieg beachtliche Erfolge mit Frucht- und Gemüsesäften sowie Mandelmilch vorweisen. Er hatte damit bei nicht gestillten Kindern sehr gute Erfahrungen gemacht.

Seit etwa hundert Jahren weiß der Mensch offensichtlich nicht mehr, wie er sich richtig ernährt. Seit ungefähr hundert Jahren bestimmt die Nahrungsmittelindustrie in immer stärkerem Maße, wo es lang geht. Sie stützt sich bei ihren Aussagen gern auf Professoren, die unter dem Deckmantel der »Wissenschaftlichkeit« wirtschaftliche Ziele verfolgen. Beispiele: Prof. Dr. Volker Pudel, Psychologe (nicht Arzt, ehemals Präsident der Deutschen Gesellschaft für Ernährung, DGE), für McDonald's in deren Hausprospekt. Dr. Edmund Renner, emeritierter Professor der Universität Gießen, vertritt die Milchwirtschaft und preist den Wert der H-Milch. Unterstützung widerfährt ihm dabei von seiten der DGE. Prof. Dr. Schettler, der auch als »Fettpapst« tituliert wird, ließ sich von der Margarineindustrie anheuern, um die Cholesterinhysterie anzufachen und die Butter abzuwerten. Ausführlicheres in »Der Murks mit der Milch« und »Cholesterin – der lebensnotwendige Stoff« (emu-Verlag).

Den unfreiwilligen Auftakt dazu gab der deutsche Chemiker Justus Freiherr von Liebig (1803–1873). Er war Professor in Gießen – die Universität wird noch heute nach ihm benannt –, wo er den Laboratoriumsunterricht begründete. Seine Forschungen auf dem Gebiet der organischen Chemie waren aufsehenerregend. Endlich wußte man, was man ißt, wenn man ißt! Große Verdienste erwarb sich Liebig auch durch seine physiologisch-chemischen Untersuchungen und durch die agrikulturchemische Begründung der Mineraldüngung. Die landwirtschaftliche Produktion konnte dadurch im Laufe der Jahrzehnte erheblich gesteigert werden. Den damit verbundenen Mißbrauch hat Liebig nicht gewollt. In seinen letzten Lebensjahren schrieb er: »Den größten Schaden in Beziehung auf die Anerkennung und Verbreitung meiner Lehre fügte ich mir leider selbst zu. Ich war durch meine eigene Unwissenheit ihr schlimmster Feind geworden. Ich hatte mich an der Weisheit des Schöpfers versündigt und dafür meine gerechte Strafe empfangen. Ich wollte sein Werk verbessern, und in meiner Blindheit glaubte ich, daß in der wundervollen Kette von Gesetzen, welche das Leben an der Oberfläche der Erde fesseln und immer frisch erhalten, ein Glied vergessen sei, das ich, der schwache, ohnmächtige Wurm, ersetzen müsse.«

Aber das Rad hatte er nun einmal ins Rollen gebracht. Es war nicht mehr aufzuhalten. Die Böden wurden mittels Kunstdünger ausgebeutet. Die Großproduktion von Fabrikzucker, Auszugsmehl und anderen minderwertigen Produkten begann Ende des 19. Jahrhunderts im Zuge der analytischen Forschung. Die Kalorienlehre feierte Triumphe.

Wirtschaft und Wissenschaft marschierten Hand in Hand. Die hochkalorischen Konzentrate Fabrikzucker und Auszugsmehl wurden als *die* Entdeckung gefeiert, die natürliche Ernährung als absoluter Fehlgriff und Rückschritt verpönt.

1747	entdeckte Andreas Sigismund Marggraf den Rübenzucker
1798	stellte sein Schüler Franz Carl Achard den ersten Zucker her
1802	entstand die erste kleine Zuckerfabrik in Kunern/Niederschlesien
1890	hatte sich in Deutschland der aus Zuckerrüben gewonnene Rohrzucker gegenüber dem Zucker aus Zuckerrohr durchgesetzt

Nach dem Zweiten Weltkrieg hat sich die Macht der Nahrungsmittelindustrie massiv verstärkt. Die verständlichen Wünsche der Bevölkerung »Nie wieder hungern!« und »Nie wieder frieren!« wurden im Zuge des Wirtschaftswachstums auf allen Ebenen erfüllt. Wir leben in einer Überflußgesellschaft. Uns ging es noch niemals so gut wie heute.

Wir zahlen dafür aber auch einen hohen Preis: Wir verlieren die Gesundheit. Die Kostenexplosion bedroht unser Gesundheits- und Rentensystem.

Mehr als 80 Milliarden Euro werden jährlich in der Bundesrepublik für ernährungsbedingte Zivilisationskrankheiten ausgegeben. Ein Betrag, der viel zu niedrig angesetzt ist, denn es sind in dieser Summe nur diejenigen Krankheiten berücksichtigt, die von seiten der offiziellen Schulmedizin – also der »Wissenschaft« – als ernährungsbedingte anerkannt werden. Rheuma gehört bei den meisten Medizinern immer noch zum großen Bereich der unerforschten Krankheiten. Deren Behandlung, Kur und Nachsorge verschlingen allein jährlich Millionen. Immer mehr Kinder, auch Kleinkinder, sind davon betroffen.

Rheuma, um nur bei diesem einen Beispiel zu bleiben, ist absolut ernährungsbedingt, also eine verhütbare Krankheit. Ist der Schaden erst einmal spürbar und sichtbar, kann man sich nur noch bemühen, die Krankheit zum Stillstand zu bringen, die Beschwerden zu lindern.

In jedem Fall ist es sinnvoll, auf eine vitalstoffreiche Vollwertkost umzusteigen. Der Rheumatiker sollte – je nach Schweregrad – zusätzlich das tierische Eiweiß einschränken oder meiden. Dazu gehören Milch, Joghurt, Quark, Käse, Fleisch, Wurst, Fisch und Eier. »Dann bleibt ja gar nichts übrig«, werden Sie erschreckt ausrufen. Die meisten Patienten fragen vor allem, was sie dann als Brotbelag nehmen sollen. Darüber haben wir uns auch Gedanken gemacht. Die Ergebnisse sind phantasievoller als die üblichen Wurst- und Käsesorten (s. S. 110ff.).

Nachweislich ernährungsbedingt sind:

1. Der Gebißverfall, die Zahnkaries, die Parodontose und Zahnfehlstellungen. Letztere als Folge der Ernährungsfehler der vorigen Generationen.
2. Die Erkrankungen des Bewegungsapparates, die sogenannten rheumatischen Erkrankungen, die Arthrose und Arthritis, die Wirbelsäulen- und Bandscheibenschäden.
3. Alle Stoffwechselkrankheiten wie Fettsucht, Zuckerkrankheit, Leberschäden, Gallensteine, Nierensteine, Gicht usw.
4. die meisten Erkrankungen der Verdauungsorgane wie Stuhlverstopfung, Leber-, Gallenblasen-, Bauchspeicheldrüsen- sowie Dünn- und Dickdarmerkrankungen, Verdauungs- und Fermentstörungen.
5. Gefäßerkrankungen wie Arteriosklerose, Herzinfarkt, Schlaganfall und Thrombosen.
6. Mangelnde Infektabwehr, heute Immunschwäche genannt, die sich in immer wiederkehrenden Katarrhen und Entzündungen der Luftwege, den sogenannten Erkältungen, und in Nierenbecken- und Blasenentzündungen äußert.
7. Die meisten der sogenannten Allergien.
8. Manche organische Erkrankungen des Nervensystems.
9. Auch an der Entstehung des Krebses ist die Fehlernährung in erheblichem Maße beteiligt.

Die Verunsicherer und Angstmacher vom Dienst

Sicher kennen auch Sie die Meldungen aus Presse, Funk und Fernsehen:

- *Vegetarische Ernährung – Vorsicht bei Kindern*
- *Vogelfutter fürs Kind*
- *Kinderärzte warnen: Veganer, Makrobioten und andere Diätgläubige bringen Babies in Gefahr*
- *Alternative Ernährung für Kleinkinder umstritten*
- *Experten warnen vor irreparablen Gesundheitsschäden*
- *Gefährliches Glaubensbekenntnis*
- *Vegetarier, Veganer, Makrobiotiker – Diese Mütter sind eine Gefahr für ihre Kinder*
- *Einseitige Kost schadet Kindern – Mangel an Vitaminen durch vegetarische Ernährung*

Seit 1981 bin ich die sogenannte »rechte Hand« von Dr. M. O. Bruker, (1909–2001), dem Arzt, der spaßeshalber manchmal als »Vollwertpapst« bezeichnet wird. Er war der erste Arzt, der in der Praxis und vor allem im klinischen Bereich die Vollwerternährung erfolgreich durchführte und damit bekannt gemacht hat. Ich habe seine ärztliche Tätigkeit in der täglichen Sprechstunde und in der Klinik gesehen. Darunter waren zahlreiche Eltern mit Kleinkindern, die um Rat fragten.

Ich habe aber auch die Angriffe gegen diesen mutigen Pionier erlebt. Als 1982 unser erstes gemeinsames Buch »Biologischer Ratgeber für Mutter und Kind« erschien (inzwischen gibt es die 13. Auflage), hörte ich zu meiner Überraschung im Westdeutschen Rundfunk ein Morgeninterview mit einer »Expertin« des Dortmunder Instituts für Kinderernährung, dem Prof. Schöch vorsteht. Diese Dame warnte vor dem Befolgen der in diesem Buch erteilten Ratschläge und meinte dann, man dürfe auf das erste tote Kind warten, so ungeheuerlich und unverantwortlich seien die darin gegebenen Empfehlungen.

Nun, das erste tote Kind hat es natürlich bis heute nicht gegeben. Aber die an Rufmord grenzenden Verunglimpfungen erleben immer wieder Auffrischungen – s. o. Meldung. Damals konnte ich nur ahnen, in welches Wespennest wir mit der Empfehlung, die Säuglingsnahrung selbst zuzubereiten, gestochen hatten. Es vergeht kaum eine Woche, in der nicht Horrormeldungen über die Gefährdung durch natürliche Kinderernährung aufgetischt werden. Geht man den Pressemeldungen nach, kommen seltsame Einzelfälle zutage, in denen die Eltern keine abwechslungsreiche vitalstoffreiche Vollwertkost verabreicht, sondern extreme Experimente veranstaltet haben. Zum Beispiel hatte eine Mutter ihr Kind angeblich über Wochen nur mit Mais und Wasser gefüttert.

Prof. Gladtke aus Köln verfaßte über das Buch »Biologischer Ratgeber für Mutter und Kind« im Dezember 1990 einen Verriß im Deutschen Ärzteblatt. Mehrere Ärzte beklagten sich darüber bei uns. Sie hatten vergeblich versucht, einen Leserbrief zu diesem Pamphlet im Ärzteblatt zu lancieren. Unter fadenscheinigen Gründen wurde eine Veröffentlichung abgelehnt. Kritik an einem Professor wird in der Schulmedizin nicht gern gesehen. Aber es ist erlaubt, den Stab über einen Arzt zu brechen, der sich den üblichen Behandlungsmethoden widersetzt und neue erfolgreiche Wege geht.

Gladtke attackierte unter anderem Dr. Brukers kritische Einstellung zum Impfen scharf. Er schrieb: »Wir sind froh, daß dank einer ungeheur aufwendigen Aktion der WHO die Welt seit mehr als zwölf Jahren pockenfrei ist ... Isolierung einzelner Infektiöser plus Impfung waren der Schlüssel zum Erfolg.«

Hier irrt Herr Gladtke. Der Erfolg der Impfungen ist bis heute nicht bewiesen. Tatsache ist jedoch, daß es mehr irreparable Pocken-Impfschadensfälle gab als Nicht-Geimpfte mit bleibenden Schäden durch die Erkrankung selbst. Es sei ihm dringend empfohlen, das Buch seines Kollegen und Impf-Experten Dr. med. Gerhard Buchwald zu lesen: »Impfen, das Geschäft mit der Angst.« Alle dort angeführten Zahlen sind belegt.

Herr Gladtke behauptet, in der medizinischen Fachwelt sei nicht bekannt, daß – wie Bruker schreibt – bei einer vitalstoffreichen Vollwertkost der Schwangeren die Geburt leichter verlaufe, da der Umfang des Kinderkopfes in der Regel kleiner und die Geburtswege dehnbarer seien.

Es ist bedauerlich, daß die medizinische Fachwelt keinen Kontakt zu Kolleginnen und Kollegen pflegt, die über Jahre zu den gleichen Beobachtungen wie Dr. M. O. Bruker kommen. Noch immer lernt der angehende Arzt während seines Studiums nichts Ausreichendes über die Ursachen ernährungsbedingter Zivilisationskrankheiten, aber auch nichts über die positiven Auswirkungen auf den Organismus bei Umstellung auf vitalstoffreiche Vollwertkost.

Der Frauenarzt Dr. Bernd Goos leitete eine gynäkologische Tagesklinik im westfälischen Warendorf. Selbst ein Kaiserschnitt konnte dort problemlos ausgeführt werden. Mehrere tausend Kinder holte er auf die Welt. Seine Beobachtungen decken sich voll mit Dr. M. O. Brukers Aussagen: Ernährt die Mutter sich während der Schwangerschaft vollwertig, verläuft die Geburt komplikationsloser, der Mutterkuchen ist besser durchblutet, das Ungeborene dadurch gut versorgt. Am Aussehen der Nachgeburt, so Dr. Goos, könne er schon erkennen, wie die Mutter sich in der Schwangerschaft ernährt hat. Mit beeindruckenden Dias kann er dies sichtbar belegen. Aber »in der medizinischen Fachwelt sind diese Zusammenhänge nicht bekannt«, so Prof. Gladtke. Das ist bedauerlich.

Was Ernährung betrifft, erhält gerade diese »Fachwelt« die Informationen von seiten der Nahrungsmittelindustrie, meistens so geschickt aufgemacht, daß Zusammenhänge für den darin Ungeschulten nicht erkennbar sind.

Jede selbst zubereitete Kindernahrung bedeutet Umsatzverlust für die Industrie. So erklärt es sich auch, daß lancierte Artikel immer wieder in die Presse gelangen, in denen vor selbstgemachter Kost und vor allem vor Vegetarismus für Kinder gewarnt wird.

Gladtke prangert ebenfalls Brukers Einstellung zur Vitamin-D-Prophylaxe an und bestreitet, daß es dabei zu Schäden kommen kann. Entsprechende kritische Literatur, die diese Tatsachen belegt, ist ihm offensichtlich ebenfalls nicht bekannt. Der Erfahrungsaustausch mit ganzheitlich orientierten Ärzten fehlt auch in diesem Punkt.

Anstelle von Annäherung, Akezptanz und Bereitschaft, vom anderen eventuell etwas lernen zu können, bleibt auf der Seite des Professors nur Polemik. So schreibt Gladtke denn auch selbstherrlich und drohend: »Da Kinder durch Befolgen der Ratschläge Brukers zu Schaden kommen können, besonders in Hinsicht auf seine Impfratschläge und seine Empfehlungen zur Vitamin-D-Prophylaxe, stellt sich die Frage der Regreßpflicht bei nachgewiesenem Schaden. Jeder verantwortungsbewußte Arzt sollte mithelfen, der durch dieses Druckwerk entstandenen Verunsicherung in der Bevölkerung entgegenzuwirken.«

Immerhin, Verunsicherung haben wir mit diesem »Druckwerk«, das mehr als hunderttausendmal gekauft und um das Mehrfache gelesen wurde, erreicht. Und das ist auch dringend notwendig.

Prof. Gladtke, wie stehen Sie zu den berechtigten Ansprüchen bei nachgewiesenen Impfschadensfällen? Schließen Sie sich bei tausenden dieser Impfkrüppel, die wir allein in der Bundesrepublik haben, der Auffassung des »Impfpapstes« Prof. Ehrengut an? Der sagte nämlich einmal: »Wo gehobelt wird, fallen Späne.« Aber wenn dieser Span nun Ihr eigenes Kind ist? Stellt sich dann für Sie persönlich nicht die Frage der Regreßpflicht, die Sie Ihrem Kollegen Bruker anhängen möchten?

Bereits 1912 berichtete Hugo Wegener von 36000 (i. W. sechsunddreißigtausend) Impfschäden, davon 34000 von den Schulmedizinern anerkannte. Sie waren aufgetreten nach der Zwangsimpfung gegen Pocken.

Für jeden verantwortungsbewußten Arzt gilt der älteste ärztliche Leitspruch heute mehr denn je:

primum nil nocere: Erste Pflicht ist es, nicht zu schaden.

Vogelfutter fürs Kind

Am 15. 12. 1995 erschien in DIE ZEIT ein halbseitiger Bericht »Vogelfutter fürs Kind«. Untertitel: »Kinderärzte warnen: Veganer, Makrobioten und andere Diätgläubige bringen Babies in Gefahr.« Autorin: Andrea Bischhoff.

Grundtenor dieses Artikels: Vegetarisch ernährte Kinder sind letztendlich immer gefährdet.

Schauen wir uns den Artikel einmal näher an. Ich gebe ihn abschnittweise wieder und kommentiere.

Behauptung:

> *Die kleine Sandra entwickelte sich zunächst prächtig. Acht Monate nach ihrer Geburt erkundete sie auf allen vieren die Wohnung und hielt ihre Eltern auf Trab.*
>
> *Doch nach den ersten Stehversuchen verlernte das Kind plötzlich, was es bereits beherrscht hatte. Sandra konnte weder krabbeln noch sitzen, im Alter von vierzehn Monaten trank sie nicht einmal mehr. Als die besorgten Eltern eine Universitätsklinik aufsuchten, lag das Mädchen beinahe im Koma. Was ihm fehlte, zeigte eine Blutanalyse: Sandra litt unter massivem Vitaminmangel.*
>
> *Dabei legten ihre Eltern gerade auf gesunde Ernährung außerordentlichen Wert. Als überzeugte Rohköstler fütterten sie dem Baby ausschließlich frisches Obst, geraspeltes Gemüse und Getreideschrot. »Doch Pflanzen enthalten kein Vitamin B_{12}«, warnt Ursula von Schenck, Kinderärztin an der Humboldt-Universität Berlin. »Vor allem Kinder brauchen unbedingt auch tierische Kost. Wenn schon kein Fleisch, dann wenigstens reichlich Milchprodukte und Ei.«*
>
> *Vitamin B_{12} ist lebenswichtig für die Blutbildung und zur Entwicklung des Nervensystems. Erwachsene haben davon große, körpereigene Depots. Deshalb bemerken Veganer, die – im Gegen-*

satz zu Vegetariern – neben Fleisch auch auf Milch und Eier verzichten, oft jahrelang keine Mangelerscheinungen. Doch Kinder müssen diese Reserven erst bilden. Da sie so schnell wachsen, ist ihr Bedarf sogar besonders hoch.

Eine rettende Vitamin-B_{12}-Spritze wirkte bei Sandra wie ein Wunder: Wenige Stunden später kam das Kind zu sich. Am anderen Morgen lachte es seine Mutter erstmals seit Wochen wieder an. Nach drei Wochen hatten sich seine Blutwerte normalisiert. Doch völlig erholen wird sich die kleine Patientin vermutlich nie. »Da die Mutter schon zwei Kinder gestillt hatte, enthielt ihre Milch keinerlei B_{12} mehr«, berichtet Ursula von Schenck. »So entwickelte sich das Gehirn des Säuglings zu langsam.« Obwohl von den Eltern optimal gefördert und inzwischen ausgewogen ernährt, kann die heute Zweijährige noch nicht stehen. Vor allem geistig ist sie stark zurückgeblieben. Während ihre Altersgenossen bereits Sätze bilden, sagt Sandra noch nicht einmal »Mama«. Zum Glück wirkte sich die einseitige Ernährung bei ihren Geschwistern nicht so kraß aus. Sie erhielten das lebensnotwendige Vitamin noch über die Muttermilch. Später gab ihnen die Oma immer mal wieder ein Glas Milch oder ein Wurstbrot.

Kommentar:

Es ist anzuzweifeln, daß die Diagnose »Vitaminmangel, speziell B_{12}«, richtig ist. Wenn die Eltern Sandra tatsächlich ausschließlich mit rohem Obst, rohem Gemüse und rohem Getreide ernährt haben, kann kein Vitaminmangel vorliegen, sofern diese Lebensmittel abwechslungsreich, unerhitzt und in ausreichender Menge gegeben wurden. Sie enthalten gerade in unerhitztem Zustand genügend Vitamine. Das ist wissenschaftlich erforscht und belegt.

Wenn dieser Bericht überhaupt authentisch ist (Einblick in die Krankenakte wurde Dr. M. O. Bruker nicht gewährt), sind offensichtlich die Grundnährstoffe Eiweiß, Fett und Kohlenhydrate in zu geringer Form angeboten worden. Es ist also nicht angebracht, die Rohkost an sich in Frage zu stellen, sondern zu prüfen, ob Qualität *und* Quantität der Nahrung stimmten.

Der Organismus braucht die Nährstoffe (einfach ausgedrückt: das »Baumaterial«) *und* die biologischen Wirkstoffe (also das Handwerkszeug), um die Nahrung richtig verarbeiten zu können. Fehlt es an einem von beiden, muß es zwangsläufig zu Mangelzuständen kommen. Hat ein Tischler nur Holz und kein Werkzeug, kann er keine Möbel herstellen. Das gilt in übertragenem Sinne auch für den Stoffwechsel des Menschen, gleichgültig, ob Vegetarier, Ovo-Lacto-Vegetarier, Veganer oder Fleischesser.

Die Diagnose »B_{12}-Mangel« aus einer Blutanalyse zu erstellen, muß als ungenügende Diagnostik bezeichnet werden. Das Vitamin B_{12} (Cobalamin) ist im Blut an bestimmte Transportproteine gebunden und eine Sammelbezeichnung für ähnliche Verbindungen, die alle Cobalt als Zentralatom besitzen. Es kann nur das analysiert werden, was im Transportmittel Blut zur Zeit der Blutabnahme vorhanden ist. Die eigentlichen B_{12}-Vorräte sind in dem großen Stoffwechselorgan Leber gespeichert und werden bei entsprechendem Bedarf von dort wieder abgegeben.

Andrea Bischhoff verschweigt in diesem Artikel völlig die Tatsache, daß Vitamin B_{12} von Mikroorganismen, Bakterien, Hefen und Pilzen produziert wird. Es tritt als Stoffwechselprodukt von Darmbakterien auf, wird über die Schleimhaut der Darmwand resorbiert und in der Leber bevorratet.

So ist auch erklärbar, daß es in der Muttermilch nicht vorkommt, denn die sicherste Produktionsstätte liegt im Menschen. Dies gilt auch für den Säugling. Der Körper ist nicht darauf angewiesen, daß dieses fraglos wichtige Vitamin mit der Nahrung zugeführt wird. Er produziert es – ähnlich wie das Cholesterin – selbst.

Die Darmflora ist jedoch die Resultante der Nahrung, die in den letzten Monaten gegessen wurde. Ist sie vitalstoffreich vollwertig, stimmt auch die Darmflora. Ist die Darmflora in Ordnung, produzieren die Bakterien ausreichend Vitamin B_{12} (ausführlicher s. Dr. M. O. Bruker: Vitamin B_{12}, emu-Verlag).

Interessant ist, daß der B_{12}-Mangel stets im Zusammenhang mit dem Vegetarismus als Horrorvision an die Wand gemalt wird. Man geht davon aus, daß die Vitamin-B_{12}-Zufuhr nur durch den Verzehr von Tieren und Tierprodukten gewährleistet ist. Bei dieser Annahme handelt es sich um eine falsche Theorie, die im Interesse der Fleischwirtschaft aufrecht erhalten wird.

Es gibt zahlreiche wissenschaftliche Untersuchungen, die das Gegenteil belegen, aber während des Medizinstudiums aus wirtschaftlichen Gründen nicht vermittelt werden. Die Industrie vergibt Forschungsaufträge, und zwar für die eigenen Interessenbereiche. Diese »wissenschaftlichen Erkenntnisse« gelangen dann als offizielle Lehrmeinung an die Universitäten und in die Ärzte-Fortbildung. Der Vegetarismus hat bis heute keine offizielle Lobby.

Weitere Behauptung:

> *In den letzten Schwangerschaftswochen speichert das Ungeborene in seiner Leber größere Mengen an Eisen. Dieses Depot ist nach dem sechsten Lebensmonat, bei Frühgeborenen schon nach dem dritten, verbraucht. Jetzt sollte das Baby zwei- bis dreimal pro Woche einen Brei bekommen, der etwa zwanzig Gramm Fleisch enthält. Wollen die Eltern es aber fleischfrei ernähren, können sie ihm einen eisenangereicherten Fertigbrei füttern. Der Kinderarzt sollte prüfen, ob er zusätzlich noch Eisentropfen verschreiben muß.*

Kommentar:

Andrea Bischhoff geht stillschweigend davon aus, daß nur Fleisch die Eisenzufuhr sicherstellt oder die künstliche Zufuhr in Medikamentenform. Auch hier irren die »Fachleute«, die diese These aufgestellt haben und sie im Interesse der Fleischindustrie vertreten. Die Diagnose »Eisenmangel« ist so gut wie immer eine Fehldiagnose, denn sie stützt sich lediglich auf die Bestimmung des Eisengehaltes im Serum des strömenden Blutes, wobei der Eisengehalt in den roten Blutkörperchen gar nicht berücksichtigt wird, das heißt im Hämoglobin. Entscheidend ist aber nicht der Eisengehalt im Blutserum, sondern das Blutbild, das heißt, ob das Blut genügend rote Blutkörperchen und diese genügend Blutfarbstoff enthalten. Der Eisengehalt im Blutserum ist normalerweise sehr niedrig und wird nur in Millionstel Gramm gemessen. Er sagt nichts aus über die Depots in den einzelnen Körperzellen, der Milz, dem Knochenmark, der Leber. Entscheidend ist die Verwertbarkeit des Eisens, die wiederum abhängig ist von der Zusammensetzung der übrigen Nahrung und dem Vorhandensein der Vitalstoffe (biologische Wirkstoffe). Wenn also die Zahl der roten Blutkörperchen und das Hämoglobin normal sind, ist dies ein Beweis dafür, daß genügend Eisen zu ihrer Bildung zur Verfügung steht.

Weitere Behauptung:

> *In den ersten vier bis sechs Lebensmonaten braucht ein Baby nichts anderes als Muttermilch. Erst dann sollte man ihm Gemüse-, Obst-, Fleisch- und Getreidebrei zufüttern. »Nicht gestillte Babys benötigen eine Säuglingsersatzmilch«, rät Berthold Koletzko, Leiter der Ernährungsambulanz an der Münchner Kinderpoliklinik. Eine Vollwerternährung empfiehlt der Professor im ersten Lebensjahr noch nicht: »Durch die vielen Ballaststoffe ist die Energiedichte zu gering. Außerdem kommen kleine Kinder mit den Keimen in den Frischkornbreien nicht klar und neigen zu Durchfall.« Babys sollte man auch mit Weizenmehl und Frischmilch Zeit lassen: Sie lösen im ersten Lebensjahr häufig Allergien aus.*

Kommentar:

In den alten Lehrbüchern, die noch in der ersten Hälfte dieses Jahrhunderts galten, wurde bei der Säuglings- und Kleinkindernährung vom Fleischverzehr vor dem zweiten Lebensjahr abgeraten. Die Kinder gediehen nachweislich auch ohne Fleisch. Keines der 8000 Kinder, die meine Mutter in der Nachsorge betreute, bekam vorzeitig Fleisch. Das war damals indiskutabel.

Erst mit der Entwicklung der Nahrungsmittel- und Fleischindustrie, gestützt auf die überholte, herkömmliche Kalorienlehre, wurde Fleisch verstärkt als unverzichtbar auch für Kleinkinder gefordert.

Der Begriff der »Energiedichte« läßt erkennen, daß Herr Koletzko seine Empfehlungen nach der herkömmlichen, überholten Kalorienlehre ausrichtet.

Bei einer vitalstoffreichen Vollwertkost für Kleinkinder gibt es keine »Keime« im Frischkornbrei, mit denen sie angeblich nicht zurechtkommen. Und zu Durchfall neigen sie natürlich bei dem Verzehr der korrekt zubereiteten Mahlzeiten ebenfalls nicht.
Allerdings leiden Kleinkinder bei der Ernährung mit Fertigbrei und Pulvermilch häufig unter Verstopfung. Die bleibt bei einer Vollwertkost mit Frischkornbrei aus. Der Stuhlgang erfolgt regelmäßig und manchmal mehrmals täglich. Dies hat allerdings mit Durchfall nicht das geringste zu tun.

Was die sogenannten Allergien betrifft, ist nur die halbe Wahrheit gesagt. Richtig ist, daß das tierische Eiweiß bei Hautausschlägen, Heuschnupfen oder Asthma radikal gemieden werden muß, also nicht nur die Milch, denn diese Vorgänge werden durch das tierische Eiweiß verursacht. Dazu gehören Milch, Joghurt, Quark, Käse, Fleisch, Wurst, Fisch und Eier.

Das Weizenmehl muß nicht gemieden werden, sondern Auszugsmehl, gleichgültig, ob aus Weizen, Roggen oder einer anderen Getreideart. Statt dessen ist Vollkornmehl aus dem ganzen Getreidekorn zu verwenden, weil es alle biologischen Wirkstoffe enthält – neben Obst und Gemüse –, die den gestörten Stoffwechsel in Ordnung bringen, so daß eine »Allergie« keine Chance hat.

Weitere Behauptung:

> *»Es gibt eine simple Regel, um sein Kind ausreichend zu versorgen«, weiß Katharina Dokoupil, Ökotrophologin an der Kinderpoliklinik München: »Extreme jeder Art meiden, den goldenen Mittelweg gehen. Nichts übertreiben, aber auch nichts völlig verbieten.« Wer dabei seinem Kind, der Umwelt und den Tieren etwas Gutes tun will, kauft Produkte aus ökologischem Anbau. Fleisch, Milch und Eier aus artgerechter Tierhaltung.*
>
> *Von dort beziehen auch die Hersteller von Babykost einen Großteil ihrer Rohstoffe. Denn für Babynahrung hat Deutschland weltweit die strengsten Schadstoffbestimmungen.*

Kommentar:
»Die Hersteller« beziehen natürlich nicht »einen Großteil ihrer Rohstoffe« aus ökologischem Anbau und artgerechter Tierhaltung. Das wird lediglich behauptet. Andrea Bischhoff wirbt offen für eine »Fertigkost fürs Kind«. Sie sollte sich die allgemein angebotenen Fertigmilchpräparate einmal genauer anschauen. Die darin verwendete Molke stammt nicht aus der Milch von glücklichen Kühen aus biologischer, artgerechter Tierhaltung. Der Stärkeanteil ist minderwertiges Auszugsmehl aus üblichem Anbau, der Anteil Fabrikzucker ohnehin ein »Schadstoff« und die Zuckerrübe aus konventionellem Anbau. Welcher »Großteil« der Hersteller stellt also biologische Ware für die ersten wichtigen Monate des Babies her, gerade für den Start ins Leben?

Was stammt konkret zum »Großteil« aus ökologischem Anbau? Die Kost aus dem Glas? Die Werbung einiger Hersteller für ihre angeblich biologischen Rohstoffe sollen die Minderwertigkeit dieser mehrfach erhitzten »Konservennahrung« vertuschen, zum anderen die Eltern in dem Glauben wiegen, die Nahrung sei schadstofffrei. Es gibt jedoch keine unbelastete Babykost. Die Grenzwerte werden lediglich niedriger angesetzt. Das hebt natürlich *den Anspruch* auf Produkte aus biologischem Landbau nicht auf.

Offensichtlich hat Andrea Bischhoff den Babykostskandal aus dem Frühjahr 1994 bereits vergessen. Ein Aufschrei ging durch die Republik: Gift in Säuglingsnahrung. *Einer* von den vielen Großen war erwischt worden, alle anderen atmeten auf. In der Presse wurde dieser Skandal teilweise hysterisch aufgebauscht, andererseits skrupellos verharmlost oder für firmeneigene Werbung ausgeschlachtet.

Besonders kriminell war die Warnung der offiziellen Gesundheitsbehörden an die Eltern, die Babynahrung auf keinen Fall wieder selbst herzustellen, da die marktüblichen Produkte noch stärker belastet seien und (trotz dieses Skandals) »generell niedrigere Grenzwerte für Babykost gelten«.

Mit der Verfassung eines so wichtigen Artikels, noch dazu in einer so großen Zeitung wie DIE ZEIT, übernimmt die Autorin besondere Verantwortung. Durch ihre Werbeaussage für die Nahrungsmittelindustrie unterbindet sie die Eigeninitiative der Eltern und drängt sie durch unterschwellige Angstmacherei weiterhin als Kunden in die Abhängigkeit der Hersteller.

Fazit: Lassen Sie sich durch PR-Aussagen nicht verunsichern, sondern schalten Sie Ihren gesunden Menschenverstand ein. Mit Gesundheit ist kein Geschäft zu machen, aber mit Krankheit und angsterzeugenden Meldungen. Der Artikel »Vogelfutter fürs Kind« kann durchaus als Werbefeldzug für Pulvermilch und Fertigkost aus dem Glas verstanden werden, denn nur die Industrie weiß angeblich, was ausgewogen, gesund und bekömmlich für Ihr Kind ist.

Was den »Fall Sandra« betrifft, erwähnt Andrea Bischhoff mit keinem Wort, ob eventuell auch andere Einflüsse eine Entwicklungsstörung hervorgerufen haben können. Sollte es tatsächlich, wie beschrieben, zu einem auffallenden plötzlichen Stillstand gekommen sein, obwohl Sandra vorher hellwach und intelligent war, wäre zu prüfen, ob ein Impfschaden vorliegen könnte. Die Symptome sprechen dafür.

Gespräch unter Großmüttern

Schwarzer Humor

Zwei Nachbarinnen, beide Großmütter von kleinen Enkelkindern, treffen sich in der Vorweihnachtszeit auf der Straße.

»Ach, Sie haben ja einen schönen Adventskalender für Ihr Enkelchen gekauft. Aber da ist ja nichts zum Naschen drin.«

»Nein, das muß auch nicht sein. Die vielen Süßigkeiten sind für die Gesundheit und die Zähne gar nicht so gut.«

»Das macht doch nichts. Es sind ja nur die Milchzähne!«

Sie, liebe Leser, wissen inzwischen sicherlich, daß nicht nur die Milchzähne durch Fabrikzucker geschädigt werden, sondern auch die bereits im Kiefer angelegten bleibenden Zähne und der gesamte Stoffwechsel.

Prof. Pudel Die Deutsche Gesellschaft für Ernährung (DGE) oder Das große Wischiwaschi

Die Deutsche Gesellschaft für Ernährung (DGE) hat ihren Sitz in Bonn. Sie erstellt alle vier Jahre, im Auftrag des Gesundheitsministeriums, den offiziellen Ernährungsbericht. Die DGE wird zum größten Teil aus des braven Bürgers Steuersäckel und »Drittgeldern« finanziert. Sie ist eine gemeinnützige Instanz, die sich in der Bundesrepublik in Ernährungsfragen absolute Kompetenz zuspricht.

Der bekannte Arzt und Ernährungsforscher Prof. Dr. Werner Kollath (1892–1970) bezeichnete sie bereits als DGF (Deutsche Gesellschaft für Fehlernährung). Als Dr. M. O. Bruker die DGE in seiner im Auftrag der LVA geschriebenen Broschüre »Gesund durch richtige Ernährung« (emu-Verlag) als »Sprachrohr der Nahrungsmittelindustrie« titulierte, war es um deren Fassung geschehen. Man drohte ihm Klage an, zog diese jedoch unter dem damaligen Präsidenten Prof. Menden zurück, da Dr. Bruker ausreichend Beweismaterial für seine Behauptung vorweisen konnte. Als »Gegenleistung« wird M. O. Bruker von der DGE und deren Interessenvertretern als »unwissenschaftlicher Außenseiter« diffamiert, der »gesundheitsgefährdende Ernährungsratschläge« erteile.

Die Verknüpfung der DGE mit und das Wohlwollen gegenüber der Nahrungsmittelindustrie ist nicht zu leugnen. Der frühere DGE-Präsident Pudel stellt als sogenannter »Ernährungspsychologe« seine Industrieneigung offen zur Schau. Eine sympathische Haltung, braucht man doch seine pseudowissenschaftlichen Ernährungsenthüllungen nicht zeitraubend zu enträtseln. 1994 machte er Werbung für McDonald's in deren Hausprospekt. 1995 folgte der positive Werbenachschlag mit dem Buch »Ketchup, BigMac, Gummibärchen« – eine breit ausgewalzte Kampagne für Industrienahrung, ohne kritische Bewertung. Tenor des Buches mit Ernährungstips für Kinder: Spaghettis bis zum Umfallen und dann Gummibärchen. Da schlägt das Herz jedes Produzenten höher, auch das der Zucker- und Süßwarenindustrie, denn 60 g des süßen Stoffs sind, laut DGE-Pudel, täglich erlaubt. Kinder und Jugendliche atmen auf, denn da steht es doch bunt auf weiß, daß alles gar nicht so schlimm ist mit der angeblich ungesunden Nahrung.

Weitere Abhängigkeiten dieses »Experten«, der DGE und anderer Präsidiumsmitglieder stellte die Zeitschrift *natur* (9/94) vor. Man lese und staune: Die AOK ist, so die Auskunft Pudels, sein zweiter Arbeitgeber geworden. Eine gesetzliche Krankenkasse, die sich gern »Gesundheitskasse« nennt (ein Begriff, den sie ungefragt von Dr. M. O. Bruker übernommen hat), unterstützt und propagiert fragwürdige Ernährungsratschläge Pudels und macht damit Umsätze in Millionenhöhe. Das lukrative Geschäft mit den AOK-Fragebögen bezüglich Pudels Pfunds-Kuren wickelt ein Freund Pudels ab. Dessen Firma wiederum bietet für 250,– DM aktuelle DGE-Nachrichten auf Diskette an – Informationsmaterial, das überwiegend aus Steuergeldern finanziert wurde. Pudels Frau letztendlich ist in der AOK-Redaktion untergebracht.

So weit in aller Kürze die Insider-Informationen der Zeitschrift natur. Doch der DGE-Präsident, so *natur,* praktiziert lediglich offen, was andere Präsidiumsmitglieder schon seit Jahrzehnten im Stillen betreiben.

Deutschlands Ernährungs-»Experten« teilen sich die Arbeitsfelder und Gelder auf. An einer objektiven Ernährungsaufklärung ist niemand interessiert. Dies wird auch vom Sprecher der DGE, Herrn Oberritter, nicht geleugnet. O-Ton Oberritter: »Eine Einflußnahme existiert, da man bei der Themenauswahl und vielleicht auch bei der Ausformulierung der Themen überlegt, was im Interesse der Bundesregierung liegt.« Sprich: im Interesse der Industrie, die bestimmt, wo es langgeht.

Der Frankfurter Kinderarzt Prof. Dr. Helmut Mommsen formulierte es einmal treffend: »Hinter der analytischen Forschung versteckt und verschanzt sich das Geschäft, welches nach Umsätzen und materiellem Gewinn strebt und die Erkenntnisse zu entmachten bestrebt ist, die dem Verkauf und dem Vertrieb bestimmter Produkte entgegenstehen. Die Wissenschaft wird zu einer Hure des Geschäftes abgewertet.«

Was Eltern so erleben oder Jens Thilo – ein Vollwertkind

Ein Bericht von Erika Theilen

»Wie sind Sie eigentlich auf die Vollwerternährung gekommen?« fragte mich neulich jemand. »Durch Zufall?«

Nach einem Stadtbummel suchten mein Mann und ich ein Café, um noch eine Kleinigkeit zu essen. Ich »schleppte« ihn gegen seinen Widerstand – was er heute nie zugeben würde – in ein kleines Stehlokal mit dem Namen »knackfrisch« – vollwertig/vegetarisch –. Nach anfänglicher Skepsis (»Fehlt eigentlich nur die Knackwurst in der Suppe!«) wurden wir bald Stammkunden.

Nach der Lektüre von »Zucker, Zucker« von Dr. M.O. Bruker ließen wir fortan auch die abendliche Tafel Schokolade für jeden von uns wegfallen ...

In diese Zeit platzte die glückliche Nachricht, daß wir ein Kind erwarteten. Jetzt wurde die Vollwertkost noch wichtiger. Ich mußte aber leider feststellen, daß man es als gesund lebender Mensch nicht immer leicht hat. Packte ich im Büro meinen Apfel und meine Wurzeln aus, folgte unweigerlich der Kommentar: »Ihr Kind kommt bestimmt orangefarben zur Welt!« »Besser als weiß und ungesund«, antwortete ich und dachte dabei an die Weißmehl-Papp-Brötchen, die meine Kollegen verzehrten.

Aber ich mußte mich später noch an bissigere Kommentare gewöhnen, besonders von Müttern in der Krabbelgruppe, die ihre Alete-Gläschen auspackten, während ich mit Brust, Apfel und Vollkornbrei hantierte.

Die Schwierigkeiten begannen schon bei der Geburt ... Ambulant Entbindende wurden zum damaligen Zeitpunkt offensichtlich nicht gern gesehen, denn man machte es uns einigermaßen schwer. Daß ich keine Schmerzmittel wollte, wurde ja gerade noch akzeptiert, aber daß ich auch wehenfördernde Mittel ablehnte, ging zu weit. Es herrschte schließlich Hochbetrieb! Nach acht Stunden war Jens Thilo schließlich da. Drei Wochen früher als erwartet und 2420 g schwer. Eine Frühgeburt – aber (voll-)kernig!

Wir hatten noch einige Bemerkungen zu überstehen, bevor wir drei endlich (5 Stunden später) zu Hause ankamen. »Der ist ja so klein, den kann man ja gar nicht wickeln!«

Wahrscheinlich war die Hebamme nur an Pampers und nicht an Stoffwindeln gewöhnt!

»Sie glauben doch nicht, daß Sie nach so einer schweren Geburt nach Hause gehen können ...« »Und wenn ich auf allen Vieren krieche, ich kann!«, war meine Antwort. »Das Kind ist eine Frühgeburt und müßte eigentlich ins Kinderkrankenhaus«, versuchte man uns zu schocken. »Aus welchem Grund? Er ist quicklebendig, gesund und munter und hat die höchste (!) Punktzahl beim APGAR-Test*«. So schwer kann die Geburt denn auch nicht gewesen sein, denn die nächsten fünf Stunden, die wir noch im Krankenhaus verbringen mußten, hielt es niemand für nötig, auch nur einmal nach uns zu sehen! Der stolze und aufgeregte Papa fuhr nach Hause und holte Getreidekaffee und Vollkornstullen für Mutter und Kind. Nein, noch nicht ganz ... die Vollkornbrote fürs Kind kamen erst sieben Monate später dran, als unser Kind uns beim Frühstück unmißverständlich klar machte, daß es auch mal auf so etwas Deftiges wie einer Scheibe Grobkornbrot herumbeißen möchte ...

Jens Thilo wurde bis zum 6. Monat voll gestillt, danach bekam er selbst zubereiteten Gemüse- oder Getreidebrei zugefüttert. Allerdings fing er sehr bald an, mir die »gemanschten« Wurzeln und Kartoffeln etc. mit lautem »baah« wieder entgegenzuspucken ... Ich war ganz verzweifelt, bis ich feststellte, daß unser Junior sein Gemüse lieber selbst zerkauen wollte! So sparte ich mir das Pürie-

* APGAR-Test, Prüfung von: Atmung, Puls, Grundtonus, Aussehen, Reflexe

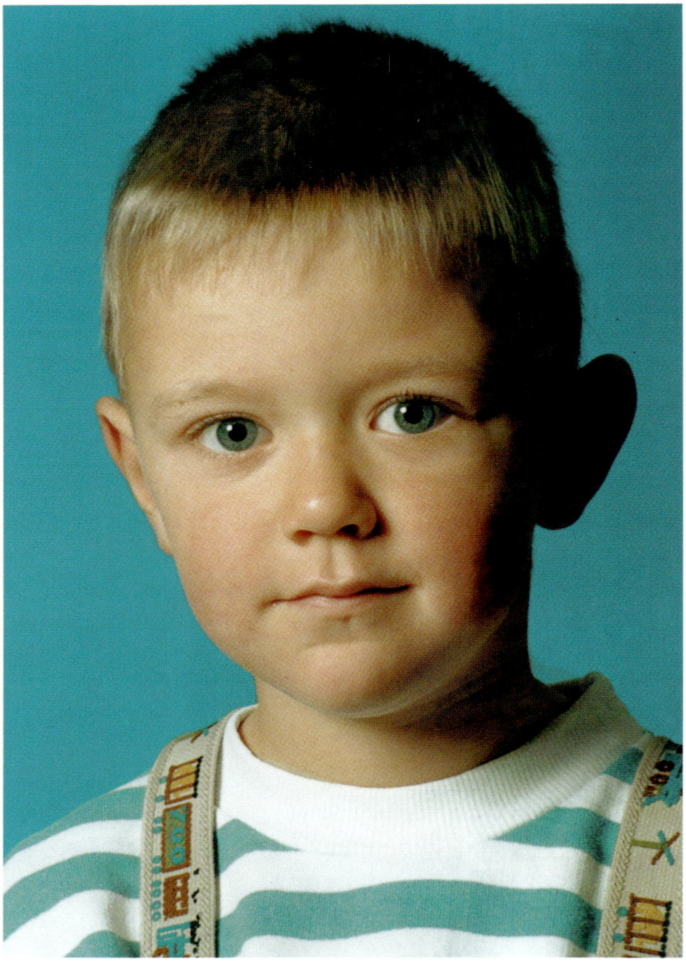

Jens Thilo, drei Wochen vor seinem 6. Geburtstag

ren, und Jens bekam fast immer das gleiche Essen wie wir (auch Salat). Vielleicht hatte er deshalb so wenig Probleme beim Zahnen.

In seinem ersten Lebensjahr erledigte Jens Thilo so ganz nebenbei Drei-Tage-Fieber, Röteln, Keuchhusten und Windpocken. Für ihn war das offensichtlich weniger stressig als für seine armen, unerfahrenen Eltern, die sich zusätzlich noch mit dem Kinderarzt herumplagen mußten.

»Was, keine Antibiotika bei Keuchhusten? Da müssen Sie aber wochenlang zu Hause bleiben!«

Im zweiten Lebensjahr bekam er Mittelohrentzündung.

»Nun aber Antibiotika!«

»Nein, danke!«

»Nun, Sie werden schon sehen, was Sie davon haben!«

Wir sahen folgendes: Unser Kind überstand die Mittelohrentzündung bestens mit Hilfe von Zwiebelsäckchen und bekam die Entzündung danach nur noch einmal wieder, während die Kinder aus der Krabbelgruppe, die mit Antibiotika behandelt worden waren, dieses bis zu fünfmal (!) jährlich durchmachten.

Ansonsten hat Jens nur noch die übliche »Schniefnase« aus dem Kindergarten mitgebracht.

Das Thema »Impfen« war ein weiterer strittiger Punkt, mit dem wir bei »Nicht-Vollwertköstlern« ständig aneckten. »Ihr seid ja verrückt!« »Na, Ihr seid ja auch extrem!« mußten wir uns anhören. Es war manchmal gar nicht so leicht, zu unserer Entscheidung zu stehen. Anfangs hatte Jens Thilo durch unsere Unerfahrenheit noch die erste Diphtherie-Polio-Tetanus-Impfung erhalten, später nur noch Tetanus. Letzte Zweifel wurden bei uns durch einen Vortrag von Dr. Buchwald ausgeräumt.

Ich habe Jens Thilo bis zu seinem 15. Lebensmonat gestillt, aber eines Abends zog er energisch meinen Pullover herunter und schüttelte den Kopf. Einfacher geht das Abstillen wirklich nicht.

Mittlerweile ist Jens Thilo sechs Jahre alt geworden ... schlank und rank, gesund und munter! Für ein frisch gebackenes Vollkornbrötchen läßt er alles stehen.

Letztes Jahr um die Weihnachtszeit gerieten wir etwas in Panik, als er wie andere Kinder nach Weihnachtssüßigkeiten bibberte. Wir bekamen die Sache sehr schnell wieder in den Griff, haben aber auch gelernt, Toleranz zu üben. Dies hat sich sehr zum Vorteil entwickelt, denn der Junior stellte sehr bald fest, daß ihm die meisten Dinge, die ihm so sehnenswert erschienen, gar nicht schmeckten. Gerade haben wir nach sieben Monaten die letzten Carob-Ostereier und -hasen vernichtet, weil er eigentlich lieber eine Käsestulle ißt. Aus Fleisch (biologisch) macht er sich übrigens nicht viel – höchstens mal Hack oder Wurst. Aber wir essen oft wochenlang kein Fleisch, und niemand vermißt es.

Eines meiner befriedigendsten Erlebnisse in der letzten Zeit war seine Belehrung der Friseurin, die ihm nach dem Haarschnitt einen Lolli schenken wollte. »Nein, danke. So etwas esse ich nicht. Ich möchte meine Zähne und meine Gesundheit noch etwas behalten.« Klingt zwar altklug, ist aber wahr!

Glückliches Kind!
Das kein Übel kennt,
als wenn die Suppe lang ausbleibt!

Goethe

Vollwertkost – was ist das?

Eine vitalstoffreiche Vollwerternährung/Vollwertkost enthält alle notwendigen Nährstoffe und biologischen Wirkstoffe, die der Organismus benötigt. Für den Noch-Gesunden gilt, daß mindestens ein Drittel der Gesamtnahrung in unerhitzter Form verzehrt werden sollte, also Frischkost in Form von Obst, Gemüse und einem täglichen Frischkorngericht. Der Rest der Mahlzeiten kann in gekochter Form gegessen werden. Für denjenigen, der unter ernährungsbedingten Zvilisationskrankheiten (s. S. 40) leidet, gelten strengere Richtlinien. Das soll aber nicht Thema dieses Buches sein, denn bei Kindern machen sich in der Regel zuerst und am auffälligsten die Zahnschäden bemerkbar. Für die Reparatur der kariösen Zähne werden in der Bundesrepublik jährlich über 15 Milliarden Euro ausgegeben (Stand 1997).

Vier Dinge sind zu meiden:

- alle Fabrikzuckerarten
- Auszugsmehl und Produkte daraus
- Margarine und raffinierte Öle
- Säfte und gekochtes Obst – dies gilt, besonders für Magen-Darm-Empfindliche und Kinder, die ständig über Bauchschmerzen klagen

Gegessen werden sollte täglich:

- Vollkornbrot, Vollkorngebäck, Vollkorngerichte
- ein leckeres Frischkorngericht
- Frischkost
- Butter, Sahne, kaltgepreßtes/unraffiniertes Öl

Das tierische Eiweiß ist einzuschränken oder – bei bestimmten Erkrankungen (z. B. Rheuma, Arthritis, Arthrose, Infektanfälligkeit, sogen. Neurodermitis, Allergien) – strikt zu meiden.
Bevorzugt werden Produkte aus biologischem Anbau. Dies sollte zur Selbstverständlichkeit werden und ist eigentlich nicht besonders erwähnenswert.

Vollwertkost einfach und gut = einfach gut

Tips aus der Praxis für die Praxis

Mit Lebensmitteln muß man anders umgehen als mit Konserven. *Getreide* will luftig, kühl und trocken gelagert werden. Sie sollten es öfter (mehrmals in der Woche) bewegen, damit sich kein Ungeziefer einnistet.

Eine *Keimprobe* ist wichtig (s. S. 131).

Die Anschaffung einer *Getreidemühle* lohnt sich, wenn Sie es ernst meinen mit der richtigen Ernährung. Die Qualität des gemahlenen Getreides hängt nicht davon ab, ob Sie eine Mühle mit Stahlmahlwerk oder Steinen kaufen. Die Erwärmung des Getreides beim Mahlvorgang ist unwesentlich. Beim Backen wird das Mehl ohnehin erhitzt. Beim Schroten für den Frischkornbrei bringt die Erwärmung keine Wertminderung. Wesentlich ist, ob der Motor leistungsstark ist, ob Sie größere Getreidemengen in relativ kurzer Zeit damit mahlen können. Die Mühle sollte robust und unkompliziert zu bedienen sein. Die teuersten Mühlen sind nicht immer die besten!

Falls Sie bereits eine Küchenmaschine besitzen, sollten Sie prüfen, ob Sie dafür einen Mahlvorsatz bekommen. Er tut dieselben Dienste, und Sie haben nicht noch mehr Geräte herumstehen.

Das Pürieren von Obst, Gemüse und anderen Gerichten gelingt gut mit einem Zauberstab oder Schlagmesser. Geben Sie die Nahrung am besten in einen Becher (nicht in eine Schale), der nicht wesentlich größer als die Messerscheibe ist. Je kleiner die Fläche, um so besser können Sie alles pürieren.

Das Verträglichkeitsproblem soll noch erwähnt werden. Ist jemand auf Vollwertkost umgestiegen, kann man manchmal Klagen über allerlei Unpäßlichkeiten im Magen-Darm-Bereich hören: Aufstoßen, sogenannte Blähungen, Völlegefühl, Bauchkneifen, Rumoren usw. Die Ursache dieser Störung wird dann in der »neuen« Nahrung gesehen. Die Vollwertkost ist es jedoch nicht, sondern die Verträglichkeit hängt ausschließlich von der Kombination der Speisen ab. Diese Entdeckung machte Dr. M. O. Bruker bereits vor mehr als 50 Jahren. Fabrikzuckerarten, Säfte und gekochtes Obst passen nicht in eine vitalstoffreiche Vollwertkost und stören das Gesamtprogramm. So wie ein ganzes Konzert verdorben ist, wenn ein einziger Musiker »daneben greift«, so ist die Harmonie der Vollwerternährung gestört, wenn man die naturbelassenen Lebensmittel mit den minderwertigen Produkten zusammenbringt, allen voran Fabrikzucker. Der Empfindliche muß sogar über einen gewissen Zeitraum Honig meiden.

Der Verzehr von tierischem Eiweiß sollte eingeschränkt werden. Bei bestimmten Erkrankungen ist er zu meiden. Dazu zählen: Fleisch, Wurst, Milch, Joghurt, Quark, Käse, Fisch und Eier.

Butter und Sahne sind erlaubt. Es handelt sich dabei um Fett, nicht um Eiweiß.

Fabrikzuckerarten:
gewöhnlicher weißer Haushaltszucker, brauner Zucker, Fruchtzucker, Traubenzucker, Milchzucker, Malzzucker, sog. Vollrohrzucker, Sucanat, Rapadura, Ahornsirup, Apfeldicksaft, Birnendicksaft, Melasse, Ur-Zucker, Ur-Süße, Gerstenmalz, Maltodextrin u. a. m.

Vitalstoffe (biologische Wirkstoffe):
Vitamine, wasser- und fettlösliche,
(der Vitamin-B-Komplex)
Mineralstoffe
Spurenelemente
Enzyme/Fermente
ungesättigte Fettsäuren
Aromastoffe
Faserstoffe (sogen. Ballaststoffe)

Ersatznahrung fürs Kind
oder
Wie geb ich's meinem Kinde?

Auf den nachfolgenden Fotos sehen Sie unsere langjährige Mitarbeiterin Annette Jeckel mit ihrer Tochter Katharina, geboren am 2. 11. 1993. Unser Interesse an diesem »Firmenkind« war natürlich besonders stark. So machte sich unsere Redaktion des »Gesundheitsberaters« denn auf und besuchte sie. Das Gespräch mit ihr war überraschend und hochinteressant. Doch lesen Sie selbst.

Sicherlich hat die jahrelange intensive Arbeit für die GGB bei Dir »abgefärbt«, Annette?!
Na klar, ich wußte genau, was ich wollte. Die vegetarische Vollwertkost nach Bruker sind für meinen Mann und mich schon längere Zeit selbstverständlich. In den neun Monaten habe ich mich nicht extra umgestellt, sondern ganz normal vollwertig gegessen wie üblich, das heißt mit Frischkornbrei täglich und viel Frischkost. Schwangerschaft ist ja keine Krankheit, wie Dr. Bruker immer sagt. Ich bin sehr viel spazierengegangen, oft zwei Stunden und mehr. Zu meinem Leidwesen habe ich das Reiten, mein sportliches Hobby, auf Drängen meines Mannes ganz sein lassen. Ich habe mich in den neun Monaten so wohlgefühlt, daß ich liebend gerne unser Pferd weiterhin geritten hätte. Naja, man kann nicht alles haben. Bis zum Beginn des Mutterschutzes habe ich ja im Büro noch ganztags meine Arbeit getan, was im hektischen GGB-Alltag auch nicht gerade »so ohne« ist, wie Du selbst weißt.

Wie kamst Du mit dem Arzt klar?
Ich habe mich ganz normal untersuchen lassen. Er hat keinen Grund zur Besorgnis gehabt. In Sachen Ernährung habe ich mich

erst gar nicht mit ihm angelegt, er hat auch nicht danach gefragt. Einmal wurden bei einer Blutuntersuchung etwas geringere Eisenwerte festgestellt. Daraufhin bekam ich ein Rezept für Eisentabletten. – Es liegt heute noch in meiner Schublade. Mein Blut war bei der nächsten Untersuchung wieder okay, auch ohne Medikament.

Katharina ist Dein erstes Kind. Da war die Geburt ein besonders spannendes Erlebnis, nicht wahr?
Ach, also, ich hätte es mir dramatischer vorgestellt. Wir haben meinen eigenen Geburtstag am 1. November noch mit Freunden zusammen gebührend gefeiert, waren lustig und ausgelassen, auch schon in Vorfreude auf das in etwa acht Tagen bevorstehende Ereignis. Am Abend bekam ich Ziehen im Bauch, ich dachte zunächst an Senkwehen. Doch nachts verstärkten sich die Schmerzen, bis die Wehen eindeutig als solche zu erkennen waren und schon im Zwei-Minuten-Takt kamen. Kurz vor 4 Uhr in der Früh trafen mein Mann und ich im städtischen Krankenhaus ein, – und um 4.37 Uhr war dann schon unsere Katharina ›herausgerutscht‹, sanft gelandet. Der Arzt kam in letzter Minute auch noch dazu, pro forma sozusagen.

Der Arzt war mit Euch beiden zufrieden?
Ja, sicher, alle Untersuchungen waren okay, eine erste Impfung bei der U 2 später konnte ich abwenden, das Team dieses Krankenhauses scheint flexibel zu sein. 2970 g Geburtsgewicht sind für »Vollwertbabys« ganz normal, die in der Regel ja nicht so schwergewichtig sind wie manche Babys von Zivilisationsköstlern.

Und Du hast die Kleine gleich angelegt …
Ich konnte leider nicht stillen. Darauf war ich wirklich nicht vorbereitet. »Gott sei Dank« bekam ich in der Klinik einige Saugflaschen als Werbegeschenke von Säuglingsnahrungsfirmen, wie üblich, aufgedrückt. Die konnte ich gleich für die Frischkornmilch umfunktionieren. Die Anleitung dazu steht ausführlich im Buch »Biologischer Ratgeber für Mutter und Kind« von meinen beiden Chefs, Dr. M. O.

Bruker und Ilse Gutjahr, die mich liebevoll beraten haben und die ich ja auch jederzeit fragen darf. Katharina hat die Frischkornmilch von Anfang an gern genommen und prima vertragen.

Sag, Annette, jetzt bin ich aber neugierig, Dir mal über die Schulter zu schauen beim Zubereiten der Frischkornmilch.
Ja, gern. Ich richte mal ein Fläschchen. Die Kleine ist sicher gleich wach und hat Hunger. Ich mahle den Weizen oder anderes Getreide, aus biologischem Anbau, täglich frisch, mit der Superfein-Einstellung der Mühle. Die Vorzugsmilch habe ich, sozusagen fest »abonniert«, kann sie zweimal wöchentlich abholen.

Bist Du denn nicht ständig mit Fläschchenmachen und allem Drum und Dran beschäftigt?
Nein, wieso? Ich kann doch vorarbeiten. Dieses hier ist heute morgen frisch angesetzt. Auf 100 g feinstgemahlenes Getreide kommen 200 g normales Leitungswasser. Nach wenigen Stunden kann ich es jetzt am frühen Nachmittag für neue Fläschchen verwenden. Die Getreidemischung passiere ich dann durch ein feines Haarsieb, damit eine wirklich glatte Flüssigkeit entsteht. Dazu fülle ich 300 g der Rohmilch auf. Das ergibt drei Fläschchen, von denen ich eines gleich im Wasserbad erwärme und »verfüttere«, die restlichen bewahre ich im Kühlschrank auf. Das reicht etwa einen halben Tag, je nach Bedarf. Dann setze ich neues Getreide an, mache abends nochmal drei Fläschchen.

Wieviel trinkt sie denn zur Zeit?
Je nach Appetit, meistens etwa 200 g. Was sie nicht schafft und übrigläßt, wärme ich selbstverständlich nicht nochmal auf, sondern tue es weg oder esse es selbst.

Muß die Kleine denn nicht ganz schön kräftig »ziehen«, um überhaupt etwas abzukriegen von der dickflüssigen Milch?
Nein, wir haben verschiedene Saugertypen ausprobiert. Durch die schmale Breisaugeröffnung saugt die Kleine ihre Frischkornmilch

Annette beim Zubereiten der Frischkornmilch

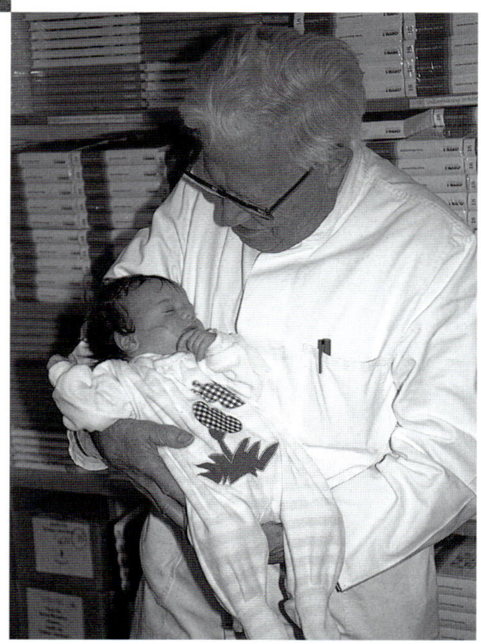

Ein Wunderwerk der Schöpfung, so ein kleines Menschenkind Dr. M. O. Bruker mit Annettes Frischkornkind Katharina (Januar 1994)

zügig in sich ein, kein Verschlucken, kein Spucken. Ein Stück Banane mit dem Pürierstab untergemixt macht das Ganze besonders cremig-sämig. Mit ca. vier Wochen habe ich zum ersten Mal Banane untergerührt ins Fläschchen, jetzt mit drei Monaten nimmt Katharina schon einige Löffel Bananenmus zusätzlich zur Flaschenmahlzeit. Auch das Mus von auf der Glasreibe feingeriebenen Möhren habe ich schon gegeben.

Das hört sich ja recht praktisch und unkompliziert an. Du kannst ja auch fertig gerichtete Fläschchen zum Besuch außer Haus mitnehmen.
Ja, klar, die Frischkornernährung ist doch nicht umständlicher oder zeitaufwendiger als die übliche Fertig-Tütenkost à la Alete, Milupa & Co. Da gibt es viele Vorurteile, auch ich war nicht frei davon. Aber jetzt sehe ich, wie problemlos es funktioniert. Ich möchte allen nicht-stillenden Muttis Mut machen zur Frischkornmilch! Man muß kein ausgesprochener »Ökofreak« sein, um sich damit zurechtzufinden.

Wie stellt sich der Kinderarzt dazu?
Ich bin bisher erst einmal bei ihm gewesen. Er hat die Kleine untersucht und für proper befunden. Das Rezept für D-Fluoretten ist ebenfalls in meiner Schublade verschwunden. Wir werden unserer Tochter diese Dinge nicht geben.

Der Arzt muß ja nicht dumm sterben. Er kann ja noch was lernen. Du kannst ihn ja in einigen Monaten mal aufklären, daß ein Säugling auf diese natürliche Weise bestens gedeiht und nicht »dahinvegetiert«, wenn er Rohmilch und rohes Vollgetreide bekommt. Was sagt denn Eure Verwandtschaft?
Die ist einfach begeistert von Katharinas strahlendem Wesen. Sie ist ein sehr ruhiges, ausgeglichenes Kind, schläft fast die ganze Nacht durch von 23 bis 9 Uhr. Oft liegt sie wach im Bettchen, spielt vor sich hin und lächelt mich dann mit ihren großen Augen an. Häufiges Quengeln und Schreien kennen wir nicht. Außer wenn der Hunger gar zu groß ist, dann kann sie sich auch mal lautstark melden.

Die kleine Katharina hat sich gemausert. Sie weiß, was sie will und wickelt den Vater mit ihrem Charme um den Finger. Auf dem Foto ist sie zwei Jahre und zwei Monate alt.
Sie ißt alles mit, was Mutter kocht.
Im Dezember 1996 wurde die zweite Tochter, Kristina, geboren. Auch sie konnte leider nicht gestillt werden, gedieh aber mit Frischkornmilch und später Vollwertkost ebenfalls hervorragend.

Kristina, 3 Jahre alt

Katharina, 2 Jahre alt

Und noch ein Frischkornkind

Liebe Frau Gutjahr, *25. Oktober 1995*

wir konnten unsere Tochter Johanna am 5. August 1995 aus dem Krankenhaus zu uns holen, als sie 12 Tage alt war. Bis dahin wurde sie mit der herkömmlichen Flaschennahrung ernährt. An ihrem 13. Lebenstag stellte ich die Ernährung vollständig auf Frischkornmilch um, die sie problemlos getrunken hat und die sehr bekömmlich war.

Ab der 6. Lebenswoche setzte ich der Frischkornmilch selbstgepreßten Möhrensaft bzw. Apfelsaft zu. Als Johanna zwei Monate alt war, reichte ich ihr die erste Obstmahlzeit, bestehend aus Banane und Apfel. Ab dem dritten Monat kam noch eine Gemüsemahlzeit hinzu.

Johanna war von Anfang an ein ausgeglichenes Kind, hat wenig geweint und viel geschlafen. Sie wächst und gedeiht gut, und der (fast) gesamte Freundes- und Familienkreis ist überrascht, daß Johanna trotz Vollwertkost solche Fortschritte macht.

Selbstverständlich wird unsere Tochter auch mit Baumwollwindeln und Schafwollhosen gewickelt, die meine Schwägerin nach Ihrer Strickanleitung angefertigt hat und die ich nur jeder Mutter empfehlen kann.

Gegen sämtliche Impfungen haben wir uns ebenfalls entschieden, dank dem überzeugenden Buch von Dr. med. Gerhard Buchwald.

Ganz besonders möchte ich mich zum Schluß noch einmal bei Ihnen, liebe Frau Gutjahr, bedanken, daß Sie mich liebevoll telefonisch unterstützt und motiviert haben.

Ich bin der GGB außerordentlich dankbar, die es mir ermöglicht hat, diese persönlichen Gespräche zu führen.

Liebe Grüße und herzlichen Dank *Ihre Familie Ritter*

Wie kocht man Haferschleim?

Den abendlichen Telefonanruf einer 21jährigen Mutter werde ich nicht vergessen. In der einen Hand hatte sie die Tragetasche mit ihrem zehn Tage alten Säugling, in der anderen Hand den Telefonhörer. Sie war nach einem Kaiserschnitt gerade aus der Klinik entlassen worden. Im Krankenhaus hatte man mit dem Hinweis auf den Kaiserschnitt sofort mit dem Abstillen begonnen. Das ist natürlich ein Unfug. Auch nach einem Kaiserschnitt sollte gestillt werden, denn die Narkose hat das Kind ja auch erlebt. Und besondere Medikamente muß die Mutter nach der Operation nicht nehmen, wenn keine Komplikationen vorliegen. Also warum abstillen?

Nun saß sie weinend und ratlos zu Hause. Was war geschehen? Ich muß schon wieder das Buch »Biologischer Ratgeber für Mutter und Kind« erwähnen, denn damit fing das Malheur an. Während des Klinikaufenthalts hatte es ihr eine Bekannte geschenkt. Voller Neugier las die junge Mutter das Buch, begriff sofort die Zusammenhänge und wollte ihr Söhnchen – wenn es schon nicht gestillt wird – wenigstens von Anfang an gesund ernähren. Dazu ist normalerweise eine Getreidemühle nötig. Ihr Mann sollte an dem Tag, als Mutter und Kind entlassen wurden, eine Mühle besorgen, er kam aber unverrichteter Dinge zurück. Warum? Die Reformhausverkäuferin hatte ihm gesagt: »Was? Nach Bruker wollen Sie Ihren Säugling ernähren? Dann haben Sie in acht Tagen ein totes Kind!« Das war natürlich starker Tobak. Nun standen alle drei hilflos da.

Das Telefongespräch mit dieser Mutter habe ich schon so oft in unseren Ausbildungsseminaren erzählt, daß ich es hier wiedergeben möchte. Es hat sich fast wörtlich so abgespielt.

Mutter: »Was mache ich denn bloß, wenn er wach wird? Noch schläft er ja fest.«

»Na, dann freuen Sie sich.«

Mutter: »Und wenn er schreit?«

»Dann hat er vermutlich Durst oder Hunger.«

Mutter: »Ja, und was gebe ich ihm dann?«

»Haben Sie Fencheltee im Haus?«

Mutter: »Ja.«

»Na, dann machen Sie erstmal in aller Ruhe einen Tee für das Kind.«

Mutter: »Und wenn er Hunger hat?«

»Hunger wird er natürlich auch mal haben. Dann kochen Sie ihm eben einen Haferschleim. Das haben die Mütter seit Jahrzehnten so gemacht, wenn sie nicht stillen konnten. Auch wenn Sie keine Getreidemühle haben, muß er doch versorgt werden. Das klappt auch ohne Pulvermilch. Es wäre ja gelacht, wenn wir Ihr Kind nicht satt kriegten!«

Mutter: »Hm.«

»Sie klingen nicht gerade begeistert.«

Mutter: »Doch, schon.«

»Aber???«

Mutter: »Wie kocht man denn Haferschleim? Ich habe keine Ahnung, wie das gemacht wird.«

Das Telefongespräch dauerte etwa eine dreiviertel Stunde. Feine Haferflocken und Milch waren im Haushalt vorhanden. Per Draht wurde das Kochen so lange theoretisch geübt, bis keine Unklarheiten mehr bestanden. Ich bat die Mutter, nach 8 bis 14 Tagen noch einmal Bescheid zu geben. Der Anruf erfolgte auch.

»Na, wie geht es dem Kind?«

Mutter: »Dem Kind? Na, dem geht es gut.«

»Und?«

Mutter: »Aber wir – wir sind fix und fertig.«

»So? Warum denn?«

Mutter: »Die Verwandten haben uns für verrückt erklärt. Meine Mutter, Schwiegermutter, Großmutter... Jetzt, wo es doch so schnelle Fertignahrung gibt, fange ich an, so wie früher zu kochen... Die verstehen gar nicht, daß das genau das Richtige ist. Sie haben uns ganz nervös gemacht mit ihren tausend Ratschlägen.«

Kein Wunder, denn die Hersteller der Säuglings- und Kleinkindnahrung zeigen pausenlos rotwangige, pausbackige, gesund und knackig aussehende Kinder. Die Fertigkost wird als Fortschritt dargestellt. Wer seine Kinder selbst »bekocht« und sogar noch vegetarisch, der muß nach Meinung von »Experten« mit den schlimmsten Mängeln rechnen.

Die Naturkost dagegen hat keine finanzstarke Lobby. Wer macht schon Werbung für einen Apfel, eine Mohrrübe, einen handfesten selbstgemachten Kartoffelbrei?

Säuglinge und Kleinkinder sind ein lukrativer Wirtschaftsfaktor. Im Bereich dieses Nahrungsmittelsektors setzen die Konzerne jährlich Milliardenbeträge um. 1992 wurden in der Bundesrepublik für 1,4 Milliarden Mark Milchpräparate, Breie und Gläschenkost produziert. Tendenz steigend.

Die »Handarbeit aus der Küche« brächte dagegen – als Sonderposten fürs Kind – keine müde Mark ins Rollen. Denn Obst, Gemüse, Getreide, Kartoffeln, Milchprodukte sind in jedem einigermaßen normal funktionierenden Haushalt ohnehin als Grundausstattung vorhanden. Die Kartoffel- und die Gemüseportion, die für das Kind mehr mitgekocht wird, fällt nicht ins Gewicht bzw. ins Geld.

Eine Familie, die ihr Kind nach den herkömmlichen Vorstellungen der etablierten Schulmedizin ernährt – also nach den Vorschlägen der Nahrungsmittelindustrie und deren Interessenvertreter –, gibt im ersten Lebensjahr im Durchschnitt als Extrageld etwa 1500–, Euro (in Worten: Eintausendfünfhundert) für die Kindernahrung aus. Nach dem Motto: Das Beste ist gerade gut genug für mein Kind.

Es ist doch verständlich, daß die Industrie um jeden Löffel Brei, den Sie selbst herstellen möchten, kämpft. Mit allen Mitteln.

Falls Sie mal in eine ähnliche Verlegenheit geraten, hier das Rezept für Haferschleim und Haferflockensuppe als **»Notlösung«**.

Haferschleim

Zutaten	1 l	Wasser
	50 g	feine Haferflocken (Gerste, Reis als Flocken oder Mehl gehen auch)

Zubereitung
Die Flocken (das Mehl) mit wenig kaltem Wasser glattrühren (mit dem Schneebesen). Unter Rühren zum Kochen bringen und das restliche Wasser zufügen. Alles aufkochen lassen, danach ausquellen. Fertig! Für einen Säugling die Masse durch ein feines Sieb streichen.
Je nach Bekömmlichkeit/Bedarf kann ein Teil der Flüssigkeit durch Milch ersetzt werden.

Haferflockensuppe

Zutaten	1 l	Milch
	40 g	Haferflocken (alternative: Gerste oder Reis)

Zubereitung wie oben beschrieben.

Fassen Sie die obige Zubereitung bitte nicht als Empfehlung auf, sondern als »Notlösung«, wie im vorliegenden Fall beschrieben.

Gekochte Flaschennahrung für die ersten Wochen

Mahlt Ihre Getreidemühle das Mehl nicht fein genug?
Verstopft das Saugerloch?
Ist Ihnen die Zubereitung der Frischkornmilch zu umständlich?
Hat Ihr Kind einen Hautausschlag oder Ekzem, sogenannte Neurodermitis/Allergie?
Ist die Kuhmilch daher zu meiden?

Dann entscheiden Sie sich für folgendes bewährtes Rezept:

250 g	Wasser
20 g	Vollkornreis
100 g	Sahne
½	kleine, sehr reife Banane (ca. 50–60 g)

Das sehr fein gemahlene Reismehl mit dem Schneebesen in kaltes Wasser einrühren und unter ständigem Rühren zum Kochen bringen. Wenige Minuten kochen (dabei rühren!), danach ausquellen lassen.
Fein pürierte Banane und Sahne unterheben. Am besten alles noch einmal im Mixer pürieren.
Die Menge ergibt ca. 450–500 g Flaschennahrung.
Im Kühlschrank aufbewahren.

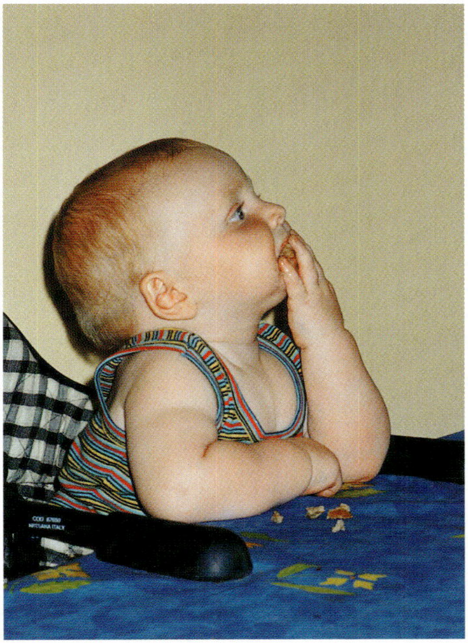

(Mampf) . . . und was esse ich als nächstes?

Ich weiß! – Noch ein Brot!

Schauen Sie sich meine vollwertigen Enkelkinder Hannah und Felix an. Beide wurden gestillt. Felix bekam nach wenigen Wochen abends eine Reisflasche (Rezept Seite 76). Er liebt sie immer noch (1 Jahr alt) heiß und innig. Beide Kinder probierten ab etwa 3. Monat vom Frischkornbrei. Kein Tag beginnt ohne dieses Gericht. Der Kleine verputzt eine genauso große Portion wie seine »große« Schwester. Man sieht es!

... und gleich nach dem Aufstehen: Frischkornbrei – aber bitte mit Sahne!

Der erste Frischkornbrei ab ca. 3. Monat

Wenn Sie Flaschennahrung und Obstbrei zubereiten können (s. S. 64 ff), ist auch der erste Frischkornbrei kein Problem. Ein Kleinkind erwartet kein fünfgängiges Menue. Es ist zufrieden, wenn es satt wird und die Speise schmeckt. Bieten Sie Ihrem Kind ab ca. 3. Monat doch einmal von Ihrem Frischkornbrei an. Hoffnungsvoll wie ich bin, gehe ich davon aus, daß Sie ihn für die ganze Familie zubereiten und nicht für das Kind sozusagen als »Extrawurst« ... und daß er sehr gut schmeckt!

Wenn wir in unserem Lahnsteiner Gesundheitszentrum Seminare abhalten, stellen wir täglich etwa sechzig bis siebzig, manchmal achtzig und mehr Portionen Frischkornbrei her. Auch in diesen Riesenmengen kann er sehr lecker sein. Wieviel leichter haben Sie es in einer kleinen Familie. Das Gericht läßt sich beinahe täglich anders zubereiten, individueller abschmecken, verfeinern, dekorieren – denn das Auge ißt ja bekanntlich mit.

Hier ist das Standardrezept, bei dem es keine Verträglichkeitsprobleme gibt:

Es wird aus Roggen oder Weizen oder aus einer beliebigen Getreideart oder Getreidemischung hergestellt. Dazu werden 3 Eßlöffel (etwa 50 g) Getreide in einer Getreidemühle, in einem Mixapparat oder einer Kaffeemühle grob geschrotet. Das Mahlen muß jedesmal frisch vor der Zubereitung vorgenommen werden. Nicht auf Vorrat mahlen! Dabei spielt es keine Rolle, ob die Getreidemühle mit Mahlsteinen oder einem Stahlmahlwerk arbeitet.

Das gemahlene Getreide wird mit ungekochtem, kaltem Leitungswasser zu einem Brei gerührt und 5–12 Stunden stehen gelassen. Die Wassermenge ist so berechnet, daß nach Quellung nichts weggegossen zu werden braucht. Nach 5–12 Stunden wird dieser Brei tischfer-

Foto: Stephan Geiger

Wenn ein Frischkornbrei so lecker zubereitet wird, findet er auch Abnehmer!

tig gemacht durch Zusatz von frischem Obst (je nach Jahreszeit), Zitronensaft (eventuell gelegentlich – also *nicht* täglich! – 1 Teelöffel Honig), 1 Eßlöffel Sahne (oder mehr) und geriebenen Nüssen.

Wenn Sie reifes, süßes Obst zugeben, lassen Sie den Honig weg.

Solange verfügbar, sollte man immer einen Apfel hineinreiben und sogleich untermischen, bevor er braun wird. Der geriebene Apfel macht den Frischkornbrei luftig und wohlschmeckend.

Es ist ohne Belang, zu welcher Tageszeit dieses Gericht genossen wird.

Für Ihr Kind nehmen Sie davon etwas ab und pürieren den Brei mit dem Schlagmesser (»Zauberstab«) so fein, daß es eine sämige Masse ergibt. Es darf davon essen, bis es satt ist. Besonders lecker schmeckt das Gericht, wenn Sie nicht mit Obst geizen und geschlagene Sahne unterheben. Natürlich müssen Sie Ihrem Sprößling nicht alles roh geben. Er soll ja später in der üblichen Welt zurechtkommen und nicht zum Außenseiter werden. Aber es gibt Kinder, die von Anfang an Ungekochtes bevorzugen. Lassen Sie sie gewähren, erzwingen Sie nichts. Wenn Sie für sich persönlich etwas als richtig erkannt haben, versuchen Sie bitte nicht, alle anderen zu missionieren, also beispielsweise auch zu Rohköstlern zu machen.

Mütter stehen natürlich in der großen Versuchung, ihrem Kind ihren eigenen Geschmack aufzudrücken. In einem Kochkurs erzählte eine Mutter, ihr Kind esse keine reifen Bananen. Sobald sich braune Pünktchen auf der Schale bildeten, lehne das Kind die Frucht ab. Ungläubiges Erstaunen. »Wie alt ist das Kind denn?« Antwort: »Drei Monate.«

So werden Geschmacksrichtungen anerzogen.

Tip:

Für die Allerkleinsten empfiehlt es sich, in den ersten Monaten die Nüsse wegzulassen. Sie verschlucken sich leicht daran. Haben Sie allerdings eine dieser Küchenmaschinen, die alles superfein sämig pürieren können, sind auch Nüsse kein Problem.

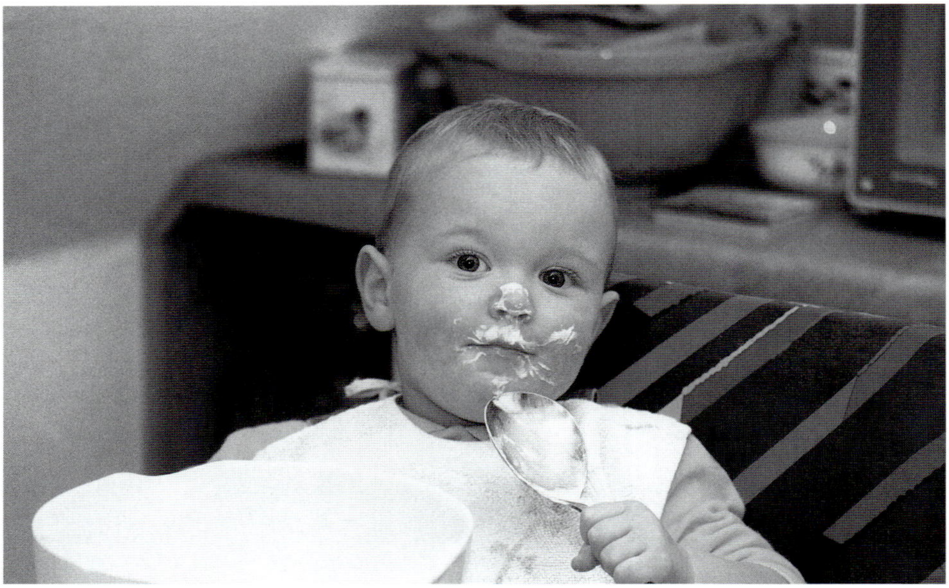

Schlagsahne ist meine stille Leidenschaft (2 Jahre)

Selbstverständlich essen wir alle drei – Mama, Papa und ich – täglich den Frischkornbrei (2 ¾ Jahre alt)

Obst- und Gemüsebrei

Auch wenn Sie moderne Küchenmaschinen, Mixer und Pürierstab haben ... schaffen Sie sich trotzdem eine »altmodische«, seit Jahrzehnten bewährte Glasreibe an. Wenn Sie mit Kind und Kegel unterwegs sind, können Sie kein Elektrogerät mitschleppen, aber diese Reibe und ein Apfel (auch Birne, Mohrrübe, Kohlrabi o. ä.) passen in jede Tasche.

Der ungeschälte Apfel wird halbiert, das Kerngehäuse (ausnahmsweise) entfernt. Beim Reiben fällt das Fruchtfleisch in die umlaufende Rinne, so daß zum Schluß nur noch die Schale übrigbleibt (selber essen!). Der Brei wird direkt »aus der Rinne« verabreicht. Wenn vorhanden, geben Sie etwas süße Sahne hinzu (1–2 TL).

Großeltern-Probleme

Als mein erstes Enkelkind einige Wochen alt war, betreuten wir es am Abend, weil die Eltern wohlverdienten Ausgang erbeten hatten. Kaum war die Haustür ins Schloß gefallen, schrie unser Pflegling. Was tun? Hannah war doch voll gestillt abgegeben worden! Der Vorrat sollte einige Stunden reichen. Kein Schaukeln, Tragen, Singen, Zureden half, kein Honigschnuller und kein Daumen. Hatte das Kind Hunger oder Heimweh? Wir pürierten eine sehr reife Banane superfein und schoben ihr die erste Fruchtmahlzeit ihres Lebens in den Mund. Sie war still, staunte, schluckte und war hochzufrieden.

Nach Monaten erzählten wir unser Erlebnis. Kommentar der Eltern: »Das war sicher in der Zeit, als der Stuhlgang von Hannah ganz anders aussah.« Das war aber auch alles, was »passiert« war.

Der süße Brei

Märchen der Gebrüder Grimm

Es war einmal ein armes frommes Mädchen, das lebte mit seiner Mutter allein, und sie hatten nichts mehr zu essen. Da ging das Kind hinaus in den Wald, und begegnete ihm da eine alte Frau, die wußte seinen Jammer schon und schenkte ihm ein Töpfchen, zu dem sollt es sagen: »Töpfchen koche«, so kochte es guten, süßen Hirsebrei, und wenn es sagte: »Töpfchen steh«, so hörte es wieder auf zu kochen. Das Mädchen brachte den Topf seiner Mutter heim, und nun waren sie ihrer Armut und ihres Hungers ledig und aßen süßen Brei, so oft sie wollten. Auf eine Zeit war das Mädchen ausgegangen, da sprach die Mutter: »Töpfchen koche«, da kocht es, und sie ißt sich satt; nun will sie, daß das Töpfchen wieder aufhören soll, aber sie weiß das Wort nicht. Also kocht es fort, und der Brei steigt über den Rand hinaus und kocht immerzu, die Küche und das ganze Haus voll, und das zweite Haus und dann die Straße, als wollt's die ganze Welt satt machen, und ist die größte Not, und kein Mensch weiß sich da zu helfen. Endlich, wie nur noch ein einziges Haus übrig ist, da kommt das Kind heim und spricht nur: »Töpfchen steh«, da steht es und hört auf zu kochen; und wer wieder in die Stadt wollte, der mußte sich durchessen.

Hirsespeise vom Feinsten

Zutaten			
	100	g	Hirse sehr fein mahlen
	370	ml	Wasser
	1–2	EL	Honig
	1/4	l	süße Sahne
	1/2	TL	Vanillegewürz

Das Hirsemehl mit dem Schneebesen in kaltes Wasser einrühren. Honig zugeben. Unter ständigem Rühren zum Kochen bringen. Ca. 3–5 Minuten kochen lassen. Kräftig mit dem Schneebesen rühren. Ausquellen lassen.

Unter die abgekühlte Speise ca. 1/4 l (oder mehr) geschlagene süße Sahne heben. Das Vanillegewürz zum Schluß unterziehen.

Mit Beerenobst – ganze Früchte oder püriert – schmeckt dieses Gericht besonders lecker.

Foto: Stephan Geiger

Dieser Grießpudding mit Fruchtsoße wird auch von Erwachsenen nicht verachtet!

Grießpudding

Zutaten	100 g	Hartweizen
	300 g	Wasser
	250 g	Sahne
	3 EL	Honig
	½ TL	Vanillegewürz

Zubereitung
Hartweizen fein mahlen.

Wasser zum Kochen bringen, Weizen unter Rühren einlaufen lassen. Aufkochen, danach 15 Minuten ausquellen.

Vanille und Honig unter die abgekühlte Masse geben. Sahne steif schlagen, unter den Grießpudding ziehen.

Die Speise mit steif geschlagener Sahne und Früchten verzieren.

Variation
Auf Fruchtsoße servieren.

Fruchtsoße

300 g Früchte der Saison oder tiefgefrorene Früchte
1 Becher süße Sahne
Honig nach Geschmack

Früchte pürieren
Sahne steif schlagen
Zutaten miteinander verrühren.

Variation:
Mit Vanillegewürz abschmecken

Vollkornbrei

Zutaten	20–25	g	Weizen
	160	g	Wasser
	1–2	EL	süße Sahne
	½	TL	Honig

Das Getreide (es kann auch Hafer, Dinkel, Reis, Hirse, Buchweizen genommen werden) mehlfein mahlen und mit dem Schneebesen in kaltes Wasser einrühren. Unter Umrühren aufkochen und ausquellen lassen. Dann Sahne und Honig unterziehen.

Dazu kann, wie beim Frischkornbrei, frisches Obst untergerührt werden, z. B. geriebener Apfel, Birne, Banane, Erdbeeren, Himbeeren usw.

Vielleicht mag Ihr Kind auch gern die pikante Richtung. Bereiten Sie den Brei genauso wie oben angegeben zu und verfeinern Sie ihn – statt mit süßer Sahne und Honig – mit frischen Kräutern, einem Teelöffel Butter und etwas saurer Sahne.

In den ersten Wochen/Monaten wird alles mit dem Mixer püriert. Der Brei sollte die Konsistenz von Apfelmus haben.

Noch unkomplizierter:

»Familien-Gemüse«

Pürieren Sie das für die Familie gekochte Gemüse, dazu ein Stückchen Butter, fertig ist die Kleinkindmahlzeit. Bei größerem Appetit kommt eine Kartoffel hinzu (immer mit der Schale kochen). Als Gemüse eignet sich alles, was Sie (hoffentlich) auch essen: Mohrrüben, Spargel, Erbsen, Blumenkohl, Spinat, Kohlrabi, Schwarzwurzeln – also quer durch den Garten.

Notruf

In unserem Gesundheitszentrum in Lahnstein bieten wir die Ausbildung zum/zur Gesundheitsberater/in GGB an, qualifizierte Lebensberatung durch Dr. Mathias Jung (Gestalttherapeut und Philosoph), Kochkurse, ärztliche Sprechstunde, Ärztefortbildung und tägliche »Telefonseelsorge«. Wer gesundheitlichen Rat braucht, kann anrufen.

Eines Vormittags berichtete eine Mutter, der dreieinhalb Monate alte Sohn weine seit Tagen. Fieber? Nein. Durchfall, Erbrechen? Nein. Es konnte nicht herausgefunden werden, welche Ursache vorlag. Das Kind wurde noch gestillt, erhielt aber auch schon Breimahlzeiten. Da die Familie in der Nähe wohnte, bestellten wir Mutter und Kind in die Beratung. Es war ganz friedlich. Dr. Bruker untersuchte es – kein krankhafter Befund.

»Was geben Sie ihm denn zu essen? Wird er womöglich nicht satt?«

»Ich habe alles dabei. Um diese Zeit kriegt er die nächste Mahlzeit.«

»Ja, dann gehen wir doch in unsere Küche und bereiten ihm das Essen zu.«

Die Mutter packte grasgrüne, unreife Bananen aus. Auf unsere Frage, was er denn nun bekäme, sagte sie, das sei seine Mahlzeit. Die beiden anderen größeren Kinder äßen sie so am liebsten.

»Ja, das mag wohl sein. Aber dem Kleinen können Sie diese harten, unreifen Dinger doch nicht geben. Da muß er ja Bauchschmerzen kriegen!«

Wir pürierten also eine *reife* Banane aus unseren Vorräten, zogen einen Eßlöffel Sahne unter. Er verspeiste sie mit Genuß – und brüllte. Wir pürierten die zweite Banane, richteten sie mit Sahne an, das Kind verputzte sie – und brüllte.

Die dritte Banane wurde genauso zubereitet und verzehrt. Danach war der Knabe ruhig.

Ein Kontrollanruf am Abend (drei Bananen für einen Winzling sind viel) ergab, daß er offensichtlich endlich satt und zufrieden war, denn er schlief immer noch.

Belegtes Brot für Zahnlose

Ich staunte nicht schlecht, als ich meiner Schwiegertochter beim Zubereiten der Mahlzeiten zusah. »Was machst du für Hannah?« »Ein belegtes Brot«, sagte sie. Wie das? Hannah hatte noch keinen Zahn. Sie war etwa $4\,^1/_2$ Monate alt.

Meine Schwiegertochter warf eine Scheibe Vollkornbrot in den Mixer, eine Tomate flog hinterher, ein Stück Butter ... Sie lachte über meine Sprachlosigkeit! Das war das belegte Brot! Und Hannah aß es mit Vergnügen.

Toleranz will gelernt sein *oder* Fanatismus schadet nur

Dr. M. O. Bruker verstand es, die Patienten neugierig »auf mehr« zu machen. Er legte dem Ratsuchenden quasi die Entscheidung in die Hand, selbst darüber zu verfügen, wie gesund er denn nun wirklich werden will. Hat der Patient zum Beispiel Gallensteine, muß er wissen, daß ein Stück Kuchen mit Auszugsmehl und Fabrikzucker eine Kolik auslösen kann.

Bei einem üblichen kalten Buffet, das zu Ehren Dr. Brukers auch mit Vollwertkost angerichtet war, sagte er zum Entsetzen der befreundeten Gastgeber: »Wo steht der Mist, den essen wir zuerst, damit er den anderen nicht schadet!« Große Überraschung, daß ein berühmter Vertreter der Vollwerternährung Ausnahmen für sich gelten läßt. Seine Antwort: »Ich lebe das ganze Jahr so gesund, daß ich mir auch mal Ausnahmen erlauben kann.«

Das ist eigentlich selbstverständlich. Die Frage ist nur, wie oft Sie, liebe Leser, diese Ausnahmen bei sich selbst und Ihren Kindern machen. Kreuzen Sie doch mal an:

Wir »gönnen« uns

- ○ mehrmals täglich Süßigkeiten bzw. gesüßte Speisen
- ○ einmal täglich Süßigkeiten bzw. gesüßte Speisen
- ○ mehrmals täglich Weißbrot/Graubrot/BigMac o. ä.
- ○ einmal täglich Weißbrot/Graubrot/BigMac o. ä.
- ○ mehrmals wöchentlich »Urlaub von der Vollwertkost«
- ○ sonnabends frische, knackige, weiße Brötchen
- ○ einmal wöchentlich »vernünftiges« Essen im Restaurant
- ○ einmal monatlich »vernünftiges« Essen im Restaurant
- ○ wenige Male jährlich »vernünftiges« Essen im Restaurant

Was heißt überhaupt »Wir gönnen uns ...«??? Schmeckt die Vollwertkost bei Ihnen zu Hause eventuell fad und langweilig?

Kartoffelpüree

– farbenfroh –

Zutaten

1	kg	Kartoffeln
65	g	süße Sahne
65	g	Gemüsebrühe oder Wasser
$^1/_2$	TL	Vollmeersalz

Zubereitung

Kartoffeln mit der Schale garen und sofort, so heiß wie möglich, pellen.

Flüssigkeit erwärmen (ca. 40 Grad), Kartoffeln hineinschneiden. Salz zugeben.

Mit dem elektrischen Quirl sämig rühren – dabei den Topf auf kleinster Wärme stehen lassen.

Buntes Kartoffelpüree

Zutaten

350	g	Karotten *oder*
350	g	Feldsalat *oder* Spinat *oder*
350	g	Rote Bete

Zubereitung

Die Gemüse sehr fein raffeln und roh unter das Kartoffelpüree mengen.

Wenn Sie alle Farben auf den Tisch bringen möchten, Kartoffelpüree in vier Teile teilen.

1	weiß	
1	rot	150 g Karotten
1	grün	150 g Spinat *oder* Feldsalat
1	pink	150 g Rote Bete

Sie können alle Farben dekorativ auf einer Platte anrichten.
Schmeckt Kindern *und* Erwachsenen!

Foto: Stephan Geiger

Buntes Kartoffelpüree

Kartoffel-Zucchini-Pfanne

Zutaten	750	g	Kartoffeln
für ca. 4 Personen	750	g	Zucchini
	100	g	Zwiebeln
	300	g	Schmand
	150	g	Allgäuer Emmentaler
	40	g	Butter
	50	g	Leinsamen
	½	TL	Pfeffer
	1,5	TL	Kräutersalz
	3	EL	Majoran frisch gehackt
	1	TL	Muskatnuß

Zubereitung

Zwiebeln in Ringe schneiden, ungeschälte Kartoffeln in Stücke schneiden (wie Pommes frites).

Butter erhitzen, Kartoffeln und Zwiebeln darin andünsten, zugedeckt ca. 8 Minuten weiterdünsten.

Zucchini der Länge nach in etwa 6 cm lange Streifen schneiden (oder auch wie Pommes frites), mit Salz, Pfeffer, Muskatnuß und Majoran vermischen und zu den Zwiebeln und den Kartoffeln geben.

Schmand mit Leinsamen verrühren, kräftig mit Salz, Pfeffer, Muskatnuß und Majoran würzen, den Käse hinzufügen und diese Masse auf die Zucchini verteilen. In zugedeckter Pfanne 15 Minuten garen.

Foto: Stephan Geiger

Kartoffel-Zucchini-Pfanne

Gemüsebrühe

entsteht bei jedem Gemüsegericht, das Sie kochen. Sie kann aber auch aus »Gemüseabfällen« hergestellt werden, also Sellerieblättern, Zwiebeln, Sellerieschalen, Mohrrübenresten, Porree usw.

Das Gemüse in Wasser garen. Den Sud einfrieren und bei Gelegenheit (s. Flädlesuppe) verwenden.

Wenn wir Spargel kochen – wir essen ihn am liebsten mit Butter –, wird das Spargelwasser eingefroren und für eine »schnelle, heiße Tasse« wieder hervorgeholt.

Kartoffelkroketten

Zutaten	1	kg	Kartoffeln
	100	g	Hafer
	2	TL	Kräutersalz
	2	TL	Kümmel, gemahlen
	2	EL	Sauerrahm
	6	EL	Vollkornsemmelbrösel
			Butter zum Ausbacken

Zubereitung

Kartoffeln mit der Schale garen. Anschließend pellen, durch die Kartoffelpresse drücken und auskühlen lassen.

Frisch gemahlener Hafer (Getreidemühle eingestellt wie Frischkornbrei), Salz, Kümmel und Sauerrahm dazugeben und durchkneten.

Runde oder längliche Kroketten formen; in den Semmelbröseln wälzen, bei mäßiger Hitze in Butter hellbraun backen

Ergibt, je nach Größe, 10–16 Stück.

Kartoffelkroketten schmecken als Beilage zu Hülsenfrüchten, Gemüse oder zu Frischsalaten.

Foto: Stephan Geiger

Kroketten mit Brokkoli

Kräcker

Zutaten	500	g	Weizenvollkornmehl
	10	g	Vollmeersalz
	3	EL	Sonnenblumenöl
	300	g	Wasser

Zubereitung
Alle Zutaten miteinander verkneten. Teig hauchdünn – wirklich zum Zerreißen dünn! – auf gefettetem Blech ausrollen.

Mit langem, scharfem Messer 4 × 4 cm große Stücke markieren.

Im vorgeheizten Ofen bei 250 Grad 10 Minuten hellbraun backen.

Danach die Teilchen zum Auskühlen auf Gitter legen.

Zwieback

Zutaten	500	g	Weizenvollkornmehl
	300	g	Wasser
	$^1/_2$		Würfel Hefe
	50	g	Honig
	50	g	Butter
	10	g	Vollmeersalz

Zubereitung
Hefe in Wasser auflösen und mit den restlichen Zutaten zu einem geschmeidigen Teig verkneten.

30 Minuten an warmem Ort zugedeckt gehen lassen.

Noch einmal gut duchkneten, erneut 30 Minuten gehen lassen.

Zwei lange viereckige Stränge in Dia-Größe formen. Auf ein gefettetes Blech legen. Noch einmal 10 Minuten gehen lassen.

Mit kaltem Wasser besprühen.

Bei 250 Grad (ohne Dampf) etwa 15–20 Minuten backen.

Auf Gitter auskühlen lassen.

Am nächsten Tag in Scheiben schneiden, auf ein ungefettetes Blech legen und bei 200 Grad etwa 10 Minuten nachbacken, bis der Zwieback kross ist.

Tip: *Das Einsprühen von Gebäck gelingt gut mit einer Blumenspritze.*

Omelette

Auch bei diesem Rezept kann Ihr Kind mithelfen und es später allein machen.

Zutaten	4 große Eier
für 4 Personen	6 EL Vollkornmehl (leicht gehäuft), fein gemahlen
	1 gestr. TL Salz (ohne Jod!)
	200 g Sahne
	100 g Mineralwasser
	Butter zum Braten

Eier schaumig schlagen, Salz zugeben.
Das Mehl mit 100 g kaltem Wasser glattrühren. Damit es keine Klümpchen gibt, Wasser langsam mit dem Schneebesen ins Mehl rühren. Die *geschlagene Sahne* unterziehen. Alles mit der Eimasse verquirlen.

Pfanne vorheizen. Den Teig mit einer Suppen- bzw. Soßenkelle von der Mitte aus in der Pfanne verteilen.

Wenn der Teig Blasen schlägt, Omelette wenden. Falls dies in der Pfanne nicht gut klappt, den Kuchen auf einen flachen Teller oder Deckel gleiten lassen, Pfanne darüberlegen und mit Schwung drehen.

Schmeckt mit Marmelade bestrichen sehr gut.

Flädlesuppe

Omelette erkalten lassen, in feine Streifen schneiden und in heiße Gemüsebrühe geben.

Mit Salz und Pfeffer würzen, etwas Öl hinzufügen, mit Schnittlauchröllchen oder Petersilie bestreuen.
Guten Appetit.

Polenta mit roten oder braunen Linsen

Zutaten

$1/2$	l	Gemüsebrühe
$1/2$	TL	Vollmeersalz
1	EL	Butter
100	g	Maisgrieß oder Hartweizengrieß
		Öl für das Backblech und zum Braten

Zubereitung

Für die Polenta Brühe, Salz und Butter aufkochen, Grieß unter Rühren einlaufen lassen. Etwa 4 Minuten unter Rühren köcheln lassen. Diesen Brei auf ein mit Öl gefettetes Backblech etwa $1/2$ cm dick ausstreichen. Etwa 3–4 Stunden oder über Nacht in einem kühlen Raum stehen lassen. (Wird der Brei zu früh verarbeitet, fallen die Polentastücke beim Braten auseinander). Aus diesem Maisbrei kurz vor dem Anrichten Rauten schneiden (in der Länge etwa 10 cm) und in heißem Öl von beiden Seiten hellbraun braten.

Sahnelinsen

Zutaten

$1/4$	l	Gemüsebrühe
1		Bund frischer Majoran
2		Zwiebeln
20	g	Butter
200	g	rote oder braune Linsen (braune Linsen am Abend vorher einweichen)
		Vollmeersalz
2		Fleischtomaten, ca. 200 Gramm
$1/4$	l	Schlagsahne
60	g	schnittfester Allgäuer Emmentaler oder Ricottakäse

Zubereitung

Zwiebeln in Scheiben schneiden, in heißem Fett glasig dünsten. Abgetropfte Linsen, Gemüsebrühe und 2 Stengel Majoran zugeben, etwa 10 Minuten kochen, bis Linsen weich sind (bei braunen Linsen etwa 20 Minuten). Majoran herausnehmen, Linsen mit Salz und Pfeffer abschmecken. Tomaten halbieren, Kerne entfernen, Fruchtfleisch würfeln und mit den heißen Linsen verrühren. Schlagsahne steif schlagen und vorsichtig unter das Gemüse ziehen.
Mit geriebenem Käse und Majoranblättchen bestreuen.

Foto: Stephan Geiger

Polenta mit Sahnelinsen

Früh übt sich . . .

Mit einem Jahr kann das Kind alles vom vollwertigen Familientisch mitessen. Lassen Sie es frühzeitig beim Zubereiten der Speisen mithelfen. Wenn es zum Beispiel einen Teig kneten darf, wird es begeistert auf das Ergebnis aus dem Backofen warten und das Selbstgemachte gern essen. Loben Sie es, wenn es sich die erste Scheibe Brot selbst belegt. Kinder sind ernst zu nehmende Partner und wollen in das Familienleben mit einbezogen werden.

Hier das Rezept für einen »Allzweckteig«, an dem praktisch nichts zu verderben ist. Er gelingt immer. Der Spaß fängt schon mit dem Mahlen des Getreides an. Und die Küche? Na, die darf hinterher

Natürlich kann ich mein Brot schon selbst belegen! (2 Jahre, 2 Monate)

ruhig aussehen, als sei ein Mehlsack in die Luft geflogen. Lassen Sie doch mal Fünfe gerade sein. Anschließend darf Ihr Sprößling beim Aufräumen und Abwaschen helfen. Mit »dürfen« erreicht man bekanntlich mehr als mit »müssen«. Loben Sie ihn, auch wenn die »Küchenhilfe« nicht ihren Vorstellungen entspricht. Seien Sie geduldig und nochmal geduldig. Der Satz: »Ach, komm, das kannst du noch nicht, das mach ich lieber selber« ist für manchen Knick in der gut angelegten Bereitwilligkeit verantwortlich.

Allzweckteig

Zutaten	500	g	Weizenvollkornmehl
	1		Würfel Hefe
	250	g	Wasser
	1/2	TL	Vollmeersalz
	1	TL	Honig
	2	EL	Öl

Zubereitung

Hefe in Wasser auflösen, mit dem Mehl verrühren. Die anderen Zutaten hinzufügen und alles zu einem geschmeidigen Teig verkneten.

Variationen

a) Der Teig kann sofort auf ein gefettetes Blech gestrichen und mit verschiedenen Gemüsesorten (Tomaten, Paprika, Champignons, Bohnen etc.) belegt werden.
Mit Gewürzen (Majoran, Thymian, Basilikum bestreuen), mit Käse belegen – schon haben Sie eine Pizza fertig!

b) Wenn Sie den Teig gehen lassen (an warmem Ort etwa 20–30 Minuten), danach sehr gut durchkneten, können Sie anschließend Brötchen oder Brezeln daraus formen.

c) 250 g Haselnüsse mittelfein mahlen, mit 200 g Honig, 2–3 EL Sahne und 1 EL Kakao verrühren. Hefeteig flach ausrollen, mit Sahne bestreichen, die Haselnußfüllung darauf verteilen, den Teig aufrollen.
Auf ein gefettetes Blech legen, mit süßer Sahne bestreichen.
Sie können den Teig und die Füllung auch miteinander verkneten und als große »Semmel« backen.

Backzeiten: Ofen auf 180 Grad vorheizen
a) und b) ca. 20 Minuten
c) ca. 40 Minuten

Lassen Sie Ihrer Phantasie freien Lauf. Der Grundteig ist auch geeignet, um damit Gemüsetaschen herzustellen, Zwiebelfladen usw.

Natürlich mahle ich meine Körner selbst …

Früh übt sich … ($2^1/_2$ Jahre)

Das Pausenbrot

... ist ein heißes Thema. Auf der einen Seite möchte das Kind so sein wie alle anderen, auf der anderen Seite ist es oft allein durch die Tatsache, daß es regelmäßig ein Pausenbrot dabei hat, schon etwas Besonders. Hat Ihr Sprößling mit Muttermilch und Vollwerternährung genügend Selbstbewußtsein getankt, dieses Essen als das vorteilhaftere in toleranter (nicht fanatischer) Form kennengelernt, durfte er zu Hause in konstruktiver Form Auseinandersetzungen (auch um das Essen!) führen ... ja, dann ist er kein Außenseiter, sondern er ist *in*. Dann wird er auch im Kindergarten, bei Freunden und in der Schule überzeugend und sachlich argumentieren können.

Seien Sie doch nicht so pingelig in Ihrer Küche. Veranstalten Sie einmal mit Ihrem Kind und dessen Freunden gemeinsames Kochen. Sie werden feststellen, daß Kinder logischer und konsequenter als Erwachsene sind. Nach einem Kinder-Kochkurs in meiner eigenen Lehrküche beklagte sich einmal eine Mutter humorvoll über die Strenge ihrer fünfjährigen Tochter. Jeder Einkauf wurde von ihr kontrolliert, ob auch alles »richtig« sei.

Im Kochunterricht hatte ich mit den Kindern in spielerischer, fröhlicher Form die »Kollath-Tabelle« (s. S. 132/133) erarbeitet. Für verschiedene Lebensmittel, Äpfel, Bananen, Orangen, Radieschen, Getreide ... wurden bunte Punkte in die ersten drei Spalten gemalt. Für Konserven und Präparate vergaben die Kinder schwarze Punkte. Nach ihren Lieblingsgewohnheiten befragt, wimmelte es zu Beginn des Kurses nur so von schwarzen Punkten. Am Ende des Kurses hatte sich ein Farbwechsel vollzogen. Die bunte Seite überwog.

Gemeinsames Essen ist ein prägender Lernprozeß. Dort wird festgelegt, ob Essen nur zum Sattmachen da ist, ob gedankenlos aus Frust gegessen wird, oder ob die Nahrung einen Wert hat, verbunden mit Ruhe, guten Gedanken, Gemeinsamkeitsgefühl. Wenn Essen auf den Tisch kommt, das schmeckt und wenn auch mal Besonderheiten dabei sind, wird das Kind sich ebenso äußern, wie die Erwachsenen es vormachen. Stopft der Vater in sich hinein, ohne seine Freude am guten Mahl zu zeigen, darf sich niemand wundern, wenn das Kind auch ein Eß-Muffel wird. Als kostenlose Zugabe vermittelt ihm der Vater, daß die Arbeit der Mutter keine Beachtung verdient.

Regen Sie die Phantasie der Kinder rechtzeitig an. Erfinden Sie kleine Geschichten zu den Speisen, die Sie auf den Tisch bringen. Geben Sie den Gerichten interessante Namen. Heike Hesse-Marks, die den Einstieg in die Vollwerternährung über unsere GGB-Seminare in Lahnstein lernte, leitet das Projekt »Gesunde Ernährung in Kindertagesstätten« der Stadt Wiesbaden. Sie schwärmt: »Wir legten mit den Kindern gemeinsam Gemüse-, Blumenbeete und Komposthaufen an, stellten Nistkästen auf, arbeiteten, ernteten und speisten zusammen. Sie lernten, die Naturzusammenhänge zu begreifen. Es war für die Hortkinder eine vollkommen neue Erfahrung mit Ernährung. Statt nur zu konsumieren, waren sie aktiv an der Entstehung ihrer eigenen Nahrung beteiligt. Die Mahlzeit war sinnlich nachvollziehbar, die Qualität des Essens deutlich gehoben.« Um die Speisen noch attraktiver zu machen, dachten sich die Kinder Namen für die einzelnen Gerichte aus: Seeräuber-Schmaus, Ritter-Gulasch, Asterix-Kraft-Akt, Zauberfix, Dschungel-Food, Astronauten-Burger, Zwergen-Schatz, Batman-Klatsch, Wilddieb-Suppe, Piratenschlacht-Auflauf, Indianerspeise, Kung-Fu, Ali-Baba-Traum, Bauernauflauf, Bärenkraft, Zirkus, Tempel-Tanz, Miraculix, Mexico-City, Neandertaler, Wunderland, Hirtentopf, Weiße Wolke, Räuber Leichtweiß, Sommertraum, Leibspeise, Pizza Toast, Blitz und Donner, Geisterfest, Goldgrube, Quellenschatz, Saladin ...

Na, da staunen Sie, wie einfallsreich Kinder sein können. Vielleicht gibt es bei Ihnen ab sofort nicht mehr Eintopf, sondern »Jägerpfanne« oder »Tempeltanz«?

Um auf die Pausenbrote zurückzukommen ... schon die Verpackung macht's. Ein zusammengedrücktes Brot, in ödes Pergamentpapier eingewickelt, ist nicht gerade appetitanregend. Eine

Frühstücksdose, in die mundgerecht gefertigte Apfelsinenstückchen gelegt werden, Studentenfutter, Obst der Jahreszeit wie frische Erdbeeren, Pflaumen o. ä. sind fürs Auge und für den Magen eine Wohltat.

»Trocken Brot macht Wangen rot« – so der Volksmund. Gemeint ist damit sicher, daß es gesünder ist als die Kuchenesserei. Aber selbstgemachte Brotaufstriche, pikant oder süß, sind auch nicht zu verachten. Warum immer Banane als Frucht, die man abbeißt? Bestreichen Sie das Pausenbrot doch einmal mit Naschkatzenaufstrich und belegen Sie es mit Bananenscheiben, falls Sie ein Leckermäulchen haben. Den Herzhaften schmeckt sicher der pikante Möhren-Paprika-Aufstrich besser.

Kürzlich besuchte mich nach langen Jahren Andreas, der Freund meines Sohnes. Nach 13 Jahren wollte er wissen, »wie die Bratlinge gemacht wurden, die so wie Fleisch aussahen, auch so schmeckten«, aber zu seiner Überraschung doch nicht aus Fleisch gemacht waren. Ich staunte, daß den damals 16jährigen dieses Eßerlebnis beeindruckt hatte. Es waren »Nußküchle«. Sie eignen sich ebenfalls für ein Pausenbrot.

Nußküchle

Zutaten	200 g	alte Vollkornbrötchen oder altes Vollkornbrot
	150 g	Käse (Gouda, Emmentaler o. ä.)
	100 g	Haselnüsse
	2	Zwiebeln
		Kräutersalz

Zubereitung
Alle Zutaten durch den Fleischwolf drehen, mit so viel warmem Wasser verkneten, daß es eine feste Masse ergibt (ähnlich wie bei einem Fleischteig für Bratlinge). Mit Kräutersalz und – nach Geschmack – mit Petersilie oder/und anderen Kräutern würzen.

Kleine Frikadellen formen, in Mehl wälzen und in der Pfanne braun braten.

Das Rezept »Nußküchle« kann beliebig abgewandelt werden.

Variationen

- Die Hälfte des Brotes durch gekochten Buchweizen (ungemahlen) ersetzen.
- Haselnüsse mit Walnüssen ergänzen oder austauschen; auch Mandeln, Sonnenblumenkerne, Cashewkerne sind geeignet.
- in den Grundteig Gemüsereste einarbeiten (Sauerkraut oder Erbsen, Paprika, Bohnen o. ä.).
- Sparen Sie nicht mit Gewürzen. Der Bratling muß pikant (und nicht lasch!) schmecken!

Foto: Stephan Geiger

Das ganz andere Pausenbrot ...

Tomaten-Möhren-Aufstrich

Zutaten	200	g	Tomatenmark
	2–3		mittelgroße Möhren sehr fein reiben
	1		mittelstarke Zwiebel sehr fein schneiden
	125	g	Butter
Gewürze nach Geschmack			Kräutersalz
			Delikata
			Kräuter der Provence

Zubereitung
Butter schaumig schlagen, mit allen Zutaten vermengen.

Tip: Sollten sich Butter und Tomatenmark schlecht vermischen, liegt dies an den unterschiedlichen Temperaturen. Gefäß in Wasserbad stellen und warmen Aufstrich nochmals gut durchrühren.

Aufstrich in Paprikaschoten füllen und als »Aufschnitt« servieren.

Pistazien-Aufstrich

Zutaten	100	g	Pistazienkerne
	125	g	Butter
	2	TL	Meerrettich
	1	TL	Senf
	1		kleine Zwiebel sehr fein schneiden
Gewürze	1	EL	Schnittlauch
	1	EL	Petersilie
	1	TL	Liebstöckel
	1	PR	rote Peperoni
	1	TL	Kräutersalz
	1	PR	Pfeffer

Zubereitung
Pistazien fein mahlen.
Butter schaumig schlagen.
Kräuter sehr fein schneiden.
Alle Zutaten vermischen, kräftig abschmecken.

Avocadoaufstrich

Zutaten	250	g	Butter
	2		Avocado (reife!)
			Kräutersalz und Pfeffer
	1	TL	Zitronensaft

Zubereitung

Butter schaumig schlagen.
Avocado mit der Gabel zerdrücken.
Mit allen Zutaten unter die Butter rühren.

Naschkatzenaufstrich

Zutaten	150	g	Butter
	100	g	getrocknete Feigen
	40	g	geriebene Haselnüsse
	40	g	geriebene Mandeln
	4	El	Honig
	2	TL	Zironensaft
	3	EL	Kakaopulver
			Zimt
			Vanille

Tip: Mit dem Spritzbeutel in Pralinenförmchen setzen, ins Gefrierfach stellen. Nach etwa einer Stunde können Sie ein leckeres Eiskonfekt anbieten!

Zubereitung

Getrocknete Feigen fein hacken oder durch Fleischwolf geben.

Geriebene Haselnüsse und Mandeln in einer Pfanne trocken abrösten, danach mit dem Mixer nochmals zerkleinern.

Butter gut schaumig schlagen.

Alle anderen Zutaten nach und nach zugeben, gut verrühren. Abschmecken, einige Stunden durchziehen lassen.

Im Kühlschrank ca. 4 Tage haltbar.

Einfaches Marmeladenrezept

Frische oder gefrorene (leicht angetaute) Früchte (Brombeeren, Himbeeren, Erdbeeren) im Mixer zerkleinern. So viele Trockenfrüchte (Aprikosen, Pflaumen, Datteln) hinzugeben, daß der überschüssige Saft aufgesogen wird.

Die Marmelade ist in Minutenschnelle zubereitet und schmeckt hervorragend.

Foto: Stephan Geiger

Farbenfrohe Obstmahlzeit

Orangenscheiben, Banane, ein Tupfer Schlagsahne, eine Traube, die Kerne eines Granatapfels ... und sonst nichts

Nußscheiben

Zutaten	500	g	Weizenvollkornmehl
	300	g	Butter
	200	g	Honig
	150	g	Haselnüsse fein mahlen
	6	EL	Sahne
	½	TL	Vanillegewürz
	1	TL	Backpulver
	1	MS	Vollmeersalz

Zubereitung

Alle Zutaten innig miteinander verkneten.

Eine Rolle von ca. 6 cm Durchmesser formen.

Eine halbe Stunde in den Kühlschrank legen.

Etwa 6–7 mm dicke Scheiben schneiden und auf ein mit Backpapier ausgelegtes Blech legen.

Bei 180 Grad etwa 20 Minuten backen.

Mandelplätzchen

Zutaten	250	g	Weizenvollkornmehl
	250	g	Mandeln, fein gerieben
	125	g	Butter, kalt, in Flöckchen geschnitten
	200	g	Honig
	10		Bittermandeln, gerieben
	100	ml	süße Sahne
	5	EL	Kakao
	1	TL	Backpulver

Zubereitung

Alle Zutaten gut vermischen. Mit einem Spritzbeutel (große Sterntülle) den Teig auf ein Backblech spritzen.

Im vorgeheizten Ofen bei 180 Grad 10 Minuten backen.

Tip: Einen Tupfer selbstgemachten Schokoaufstrich (Butter, Honig, Kakao) oder frisches Aprikosenmus (nicht gekocht, Obst einfach nur pürrieren!) oben auf das gebackene, ausgekühlte Mandelplätzchen geben. Einfach köstlich!

Sorbet

Kinderleicht zu machen

Man nimmt dafür nur gefrorene Himbeeren (Erdbeeren o. ä.), läßt sie *ganz leicht* antauen und zerkleinert die Früchte im Mixer. Für Leckermäuler flüssigen Honig darübergießen. Das noch feste Fruchteis sofort servieren.

Vanilleeis

Zutaten	½	l	Sahne
für 4 Personen	½	Glas	Mandelmus
	4	EL	Honig
	1	TL	Vanillegewürz

Zubereitung
Sahne steif schlagen.
Mandelmus, Honig und Vanille unterziehen.
Etwa zwei bis drei Stunden gefrieren lassen.
Mit heißen Himbeeren servieren!

Guter Geschmack will erlernt sein – Brotbacken auch

Wer sich vollwertig ernährt, entwickelt ein qualitatives Geschmacksempfinden. Fast Food kann kaum noch locken, die »Sucht« nach Süßigkeiten flaut ab.

Die Gier auf Süßes kann ein untrügliches Zeichen für Vitalstoffmangel sein. Fabrikzucker – wir verzehren pro Kopf und pro Tag in der Bundesrepublik etwa 160 Gramm – verbraucht bei seinem Abbau das notwendige Vitamin B_1, auch Aneurin (Nervenvitamin) genannt. Normalerweise ist das volle Getreidekorn der Hauptlieferant von B_1. Da heute aber überwiegend Graubrot und Weißbrot aus Auszugsmehl gegessen wird, das frei von lebensnotwendigen Vitaminen und Mineralstoffen ist (die Republik ist ja McDonaldisiert), entsteht ein regelrechter Teufelskreis, eine Unterversorgung an biologischen Wirkstoffen. Fabrikzuckerarten sind nicht nur Vitamin-, sondern auch Kalkräuber.

Der Beginn der ernährungsbedingten Zivilisationskrankheiten ist in erster Linie auf die Entwertung des täglichen Brots zurückzuführen und den gleichzeitigen Massenverzehr von Fabrikzucker. Beide industriellen Eingriffe in den Lebensmittelbereich begannen Ende des 19. Jahrhunderts. Hätte man wenigstens das Brot weiterhin aus dem vollen Korn hergestellt, wäre die Lawine der ernährungsbedingten Zivilisationskrankheiten nicht in diesem Ausmaße ins Rollen gekommen.

Backen Sie doch endlich mal selbst ein Brot! Dann wissen Sie wenigstens, was drin ist.

Sie meinen, Sie bekommen ein »anständiges« Vollkornbrot bei Ihrem Bäcker? Sind Sie sich da so sicher?

Hat er denn eine Mühle in der Backstube stehen?

Benutzt er sie auch?

Mahlt er das gesamte Getreide selbst und setzt keine Fertigmischungen und Backhilfsmittel ein?

Stellt er den Sauerteig selbst her?

Wußten Sie, daß das Bäckerhandwerk Ihnen über die wunderbar aussehenden Fertigbackwaren etwa 200 Zusatzstoffe serviert?

Wußten Sie, daß die Chemiefirmen, wie Boehringer, in der Lage sind, aus minderwertigem Auszugsmehl Vollkornmehl zu machen? Das daraus gebackene Brot sieht aus wie Vollkornbrot, schmeckt wie Vollkornbrot, darf Vollkornbrot genannt werden und ist doch kein Vollkornbrot.

Jean Paul sagte einmal: »Nur ein Gott kann die Wurst essen, denn nur er weiß, was drin ist.« Dasselbe gilt heute auch für das Brot. Seien Sie kritisch.

Nehmen Sie sich gleich heute vor, am Wochenende mit der ganzen Familie Brot zu backen. Mutter besorgt, setzt an, überwacht. Vater und Tochter/Sohn kneten. Ein Familienbrot ist etwas Herrliches. Hier das Rezept für ein solides Sauerteigbrot, wie es schon unsere Altvordern gebacken haben. Es schmeckt hervorragend!

Weitere Anregungen zum Brotbacken und über 60 Brotaufstriche finden Sie in unserem Buch »Streicheleinheiten«. Alle Rezepte wurden in unserer eigenen Lehrküche von unserer Köchin Erika Richter hergestellt und von Dr. Bruker und mir, Kursteilnehmern und Mitarbeitern probiert und für gut befunden.

Wer das tierische Eiweiß einschränken muß, klagt meistens : »Ja, da bleibt ja gar nichts übrig. Was soll ich mir denn aufs Brot schmieren?«

Da kann ich nur sagen: *Streicheleinheiten!* von Ilse Gutjahr und Erika Richter (emu-Verlag).

Blumige Frischkost

Käsebrot mit Ohren

Herstellung des Sauerteigs

1. Stufe	3 EL	frisch gemahlenes Roggenvollkornmehl
	3 EL	Wasser, ca. 40 Grad warm

Mehl mit Wasser verrühren. Dann mit Folie gut abdecken und bei 25–28 Grad einen Tag (besser zwei Tage) stehen lassen.

Als Gefäß eignet sich sehr gut ein hohes Weckglas (2-l-Glas) mit Deckel.

2. Stufe	3 EL	frisch gemahlenes Roggenvollkornmehl
	3 EL	Wasser, ca. 40 Grad warm

Diese Menge mit dem vorigen Ansatz (1. Stufe) verrühren. Der erste Ansatz riecht bereits angenehm säuerlich. Die ganze Masse wieder abdecken und wieder 24 Stunden bei 25–28 Grad stehen lassen.

3. Stufe	100 g	frisch gemahlenes Roggenvollkornmehl
	100 g	Wasser, ca. 40 Grad warm

Diese Menge mit dem vorigen Ansatz (Stufe 1 und 2) verrühren, nochmals einen Tag abgedeckt bei ca. 25–28 Grad stehen lassen.

Den nicht benötigten verbleibenden Sauerteigrest in ein Schraubglas füllen und im Kühlschrank aufbewahren. Beim nächsten Backen geht die Sauerteigzubereitung mit dem Rest (den verwahrten 100 g) viel schneller.

Roggen-Weizen-Mischbrot

Vorteig:	125 g	Sauerteig
	400 g	Roggenvollkornmehl
	350 g	Wasser, ca. 40 Grad

Zubereitung Vorteig: Alle Zutaten verrühren, abdecken und 12 Stunden bei 25–28 Grad gären lassen.

Hauptteig:	800 g	Weizenvollkornmehl
	400 g	Roggenvollkornmehl
	30 g	Vollmeersalz
	700 g	warmes Wasser, ca. 40 Grad

Kümmel, Koriander, Fenchel kann – je nach Geschmack – beigegeben werden.

Je nachdem, wie trocken dieses Getreide ist, kann die Wassermenge etwas erhöht werden.

Vorteig und Hauptteig zusammenkneten und zwei Stunden gehen lassen – je nach Raumtemperatur.

Danach noch einmal gut durchkneten, in geölte Kastenformen setzen und nochmals eine Stunde gehen lassen.

Backzeit: 10 Minuten bei höchster Hitze backen, danach
45 Minuten bei 190 Grad

Die Gesamtmenge ergibt zwei Brote von jeweils 1400 Gramm.

Guck mal, wer da is(s)t

Phantasievolle Frischkost für Kinder

Mein Anliegen ist es, mit wenig Aufwand, bei den Kleinen große Wirkung zu erzielen. Aus einem normalen Abend- oder Mittagessen mit Frischkost, Brot und diversen Brotaufstrichen lassen sich mit etwas Phantasie kleine Köstlichkeiten zaubern, die dann von Kindern auch gern gegessen werden.

Wichtig: Das Kind sollte nicht alleine essen müssen.

Betonen Sie nicht ständig, wie gesund alles ist.

Fragen Sie nicht gleich nach, ob so etwas noch mal gemacht werden soll.

Werden diese einfachen Regeln eingehalten, wird mit Sicherheit alles aufgefuttert und vielleicht sogar Nachschlag verlangt.

Idee und Fotos: Christa Wirtz-Kolmer, Gesundheitsberaterin GGB

Pumuckl
Vollkornbrot mit Butter oder beliebigem Brotaufstrich. Möhren-Sellerie-Rohkost wie eine Perücke am oberen Brotrand verteilen.
Haselnüsse = Augen
Paprika = Nase und Mund

Räuber Hotzenplotz
Vollkornbrot, hier mit Apfel-Zwiebel-Curry-Aufstrich
Apfel = Mund, Nase und Augenbrauen
Haselnüsse = Augen und Knöpfe
Zerkleinerte Haselnüsse = Bart
Grüne Paprika = Hut und Jacke
Petersilie = Feder
(Dip anbieten, da große Gemüsestücke)

Raupe Nimmersatt im Sonnenaufgang
Vollkornbrot, hier mit Apfel-Zwiebel-Curry-Aufstrich, in Dreiecke schneiden = Sonne
Kleine Salatgurke in Scheiben = Raupe
Sonnenblumenkerne = Weg
Champignons = Baum
Petersilie = Busch

Buchtip:
»Streicheleinheiten – von der Kunst, schmackhafte Brotaufstriche zu zaubern«, Gutjahr/Richter, emu-Verlag

Zwerg Nase
Vollkornbrot mit Butter oder beliebigem Brotaufstrich
Paprika rot und grün = Mütze, Kragen, Hemd
Cocktailtomaten = Augen, Bommel, Knopf
Dünne Spitze einer Möhre = Nase
(bei großen Gemüsestücken eventuell Dip aus saurer Sahne, Kräutern, Knoblauch anbieten)

Idee und Fotos: Familie Scheloske

Es geht doch nichts über ein kerniges, selbstgebackenes Vollkornbrot ...

Der Doktor hat das letzte Wort
Ein Interview mit Dr. M. O. Bruker

Herr Dr. Bruker, Sie sind bei Erscheinen dieses Buches (März 1996) 86 Jahre alt, auf Grund Ihres sehr früh abgeschlossenen Abiturs und Medizinstudiums also 65 Jahre ärztlich tätig. Warum ist es so schwierig, ein Kind richtig zu ernähren?

Schwierig ist das natürlich überhaupt nicht. Ich bin ja noch ein Zeitzeuge, der erlebt hat, wie die Nahrungsmittelindustrie sich den Bereich Kinderernährung erobert hat. Die heutige Generation, teilweise auch meine Kolleginnen und Kollegen, kennen diese Entwicklung allenfalls vom Hörensagen. Man tut so, als erlebten wir ein erstrebenswertes Schlaraffenland mit riesiger Auswahl. Die Mütter haben früher gestillt oder Schleim und Brei gekocht. Das Kind aß dann zeitig am Familientisch mit.

Nach neuesten Berichten soll jeder 10. Deutsche ein Gourmet sein …

Das habe ich auch gehört. Wir haben aber andererseits fast eine Million Obdachlose. Fünfzigtausend Menschen übernachten auf Parkbänken und in Hauseingängen. Zwanzig Prozent der Lebensmittel werden täglich weggeworfen. Nahrung ist also im Überfluß vorhanden. Der Hunger müßte nicht sein. Der Hunger in der Welt ist lediglich ein Verteilungsproblem. Die Reichen brauchen ihren vollen Löffel nur herumzureichen. Es ist genug für alle da.

Wir geben in der Bundesrepublik jährlich mindestens 130 Milliarden Mark für die Reparatur ernährungsbedingter Zivilisationskrankheiten aus.

Ja, alles Krankheiten, die durch üppige Mangelkost entstehen. Das fängt schon beim Kleinkind an. Der Mangel an wichtigen biologischen Wirkstoffen ist ausschlaggebend für die in diesem Buch bereits aufgeführten ernährungsbedingten Zivilisationskrankheiten. Die Kunstnahrung für Säuglinge ist bereits der Einstieg. Nicht nur der Mangel an Vitalstoffen ist da, sondern auch der Geschmack des Kindes wird auf Fertigkost getrimmt. Nach dem Einheitsgeschmack aus der Flasche folgt der Einheitsbrei aus dem Glas, dann der Einstieg in die übliche Fertignahrung. Fast Food heißt das ja wohl heute.

Irgendwann wird ein Kind diesen Geschmack doch aber satt haben?

Nein, das ist es ja gerade. Wenn Sie zum Beispiel einmal zu viel Leberwurst gegessen haben, so daß es Ihnen übel wird und Sie erbrechen, bleibt die Abneigung dagegen für lange Zeit bestehen, eventuell ein Leben lang. Bei Präparaten wie Fabrikzucker, Auszugsmehl, Limonade o. ä. ist dies leider nicht der Fall. Es ist ja bekannt, daß Fabrikzucker laut Gerichtsurteil als »Schadstoff« bezeichnet werden darf. Er ist eine Droge, von der Kinder, wenn sie einmal in dem Sog drin sind, nicht genug bekommen. Zucker, nicht der in der Frucht, sondern isolierter Fabrikzucker, kann süchtig machen.

Verbieten Sie ihn ganz?

Ich verbiete gar nichts. Ich bin lediglich Ratgeber. Wird eine richtige Ernährung mit viel frischem Obst und Gemüse, Vollkornprodukten und natürlich auch gekochter Nahrung angeboten, kann diese Abhängigkeit allmählich durchbrochen werden.

Ist gelegentliches Naschen erlaubt?

(Dr. Bruker lachend) Ich merke schon, Sie wollen einen Freispruch. Es ist doch so, daß zu mir seit 65 Jahren nur Kranke kommen. Meistens sind es Patienten, die mich als letzte Hoffnung aufsuchen, weil ihnen die üblichen Behandlungen bisher nicht geholfen haben. Oft habe ich Endzustände in der Beratung. Bei den ernährungsbedingten Zivilisationskrankheiten kann keine Heilung, aber eventuell Linderung der Beschwerden oder Stillstand der Krankheit erreicht werden. Denken Sie doch an ein Loch im Zahn. Der Zahn wird nicht mehr heil, er kann nur noch repariert werden, aber man kann dafür sorgen, daß nicht weitere Löcher entstehen. Wenn ich also einem Kind »gelegentliches Naschen« erlaube, obwohl es zum Beispiel unter Bauchbeschwerden leidet, die eindeutig durch Süßigkeiten verursacht sind, erweise ich ihm ja einen Bärendienst.

Seitdem Sie mit der Empfehlung an die Öffentlichkeit getreten sind, eine vitalstoffreiche Vollwertkost auch für Kleinkinder selbst zuzubereiten, tauchen immer wieder Warnungen in der Presse auf. Die Begründungen: In den ersten vier Lebensmonaten könne der Säugling Stärke noch nicht richtig verdauen, Vollkornbrei oder Frischkornmilch verursache Zöliakie. Oder wegen der Verkeimungsgefahr dürfe in den ersten zwei Jahren die Nahrung nicht selbst zubereitet werden. Oder das grobe Getreide sei für die zarte Schleimhaut des Magen-Darm-Trakts gefährlich, Durchfall sei die Folge.

Hören Sie auf. Den Unsinn kenne ich. Die Presseabteilungen der Nahrungsmittelindustrie, die Deutsche Gesellschaft für Ernährung, das Dortmunder Institut für Kinderernährung, der »Arbeitskreis sichere Kinderernährung«, in den letzten Jahren Oecotrophologen – sie ziehen alle an einem Strang. Der große Schweizer Arzt Bircher-Benner hat in der Zeit, als die Kalorienlehre und parallel die Industriekost das ärztliche Terrain eroberte, bereits ähnliche Angriffe auszustehen gehabt. Der Arzt und Ernährungsforscher Kollath – ich kannte ihn noch persönlich und korrespondierte Jahrzehnte mit ihm – wurde von der Deutschen Gesellschaft für Ernährung als »Rattenkönig« in der Presse verunglimpft. Er belegte in exakten Fütterungsversuchen über Jahrzehnte eindeutig, daß die vitalstoffarmen Präparate der Nahrungsmittel-Industrie für die Entstehung der ernährungsbedingten Zivilisationskrankheiten verantwortlich sind.

Heute wird Kollath am Rande als historisch interessant erwähnt. Man meint, ihn verbessern zu können und verschlimmbessert im Grunde nur.

Seit wenigen Jahren tut die Deutsche Gesellschaft für Ernährung so, als habe sie schon immer eine vollwertige Ernährung vertreten. Daß dies nicht so ist und auch nicht so war, läßt sich aus all ihren Schriften und Verquickungen mit der Nahrungsmittelindustrie belegen.

Was ist dagegen zu tun?

Der Verbraucher muß hinterfragen. Er muß lernen, nicht alles zu schlucken, sondern er soll sich informieren. Ich habe 1978 die Gesellschaft für Gesundheitsberatung (GGB) mit Sitz in Lahnstein gegründet und damit für ein objektives Verbraucherforum gesorgt. Die GGB wird nicht von der Industrie oder aus Bonn finanziert. Sie finanziert sich selbst aus Seminargebühren und Spenden meiner Patienten und privater Mitglieder.

Was sagen Sie denn zu den Nöten vieler Eltern, daß ihre Kinder schlechte Esser seien?

Erste Voraussetzung ist, daß das Essen gut schmeckt, daß es gut aussieht. Essen muß Spaß machen. Dabei muß einem das Wasser im Mund zusammenlaufen. Essen gehört zu den angenehmen Dingen des Lebens.

Zum zweiten haben die Eltern oft falsche Vorstellungen von der Menge, die das Kind essen sollte. Ein Dreijähriges ißt mengenmäßig oft mehr als ein Sechsjähriges. Ein Problem sind auch die häufigen Zwischenmahlzeiten in Form von Süßigkeiten oder Milch. Milch ist kein durstlöschendes Getränk, sondern ein sattmachendes Lebensmittel. Oft genügt allein das Weglassen der Milch, und der Appetit stellt sich ein. Süßigkeiten stellen ein Kind für den Augenblick zufrieden, aber oft genug wird es damit ruhiggestellt. Es wäre sinnvoller, sich mit dem Kind zu beschäftigen, statt es abzufüttern.

Das ständige Ermahnen bei Tisch verleidet Eltern und Kind den Spaß am Essen. In manchen Familien ist es noch üblich, um das tägliche Brot zu bitten, zumindest wird die Dankbarkeit für das Essen den Kindern ans Herz gelegt. Auf der anderen Seite wird es aber ermahnt, etwas – aus welchem Grund auch immer – Ungeliebtes zu essen. Ein Widerspruch in sich.

Und dann die Bindungslosigkeit innerhalb der Familie. Sie ist vielleicht am nachteiligsten für alle. Das gab es doch früher gar nicht, daß sich die Familie höchstens noch am Sonntag vollzählig zu einer Mahlzeit zusammenfand. Die Familien, in denen drei gemeinsame Mahlzeiten täglich während der Arbeitswoche eingenommen werden, kann man an den Fingern abzählen. Jeder kommt nach Hause, wann er will, wirft die vorgefertigten Tiefkühlpackungen in die Mikrowelle und setzt sich damit womöglich noch vor den Fernseher. Das ist entsetzlich. Für viele Kinder, die aus der Schule kommen und ihre Erlebnisse loswerden möchten, ist dies die totale Isolation.

Was verstehen Sie unter Eßkultur?

Einen schön gedeckten Tisch, gut aussehende und ebenso schmeckende Speisen, die Gelegenheit, gemeinschaftlich etwas zu besprechen. So eine Mahlzeit sollte ein Stück Geborgenheit vermitteln. Jedes autoritäre Gehabe und Maßregelei sind fehl am Platz, denn dadurch wird dem Kind die Fähigkeit genommen, eine konstruktive Auseinandersetzung zu lernen. Viele Kinder werden vom frühesten Alter an bereits bei Tisch mundtot gemacht. »Sitz gerade, halt den Löffel ordentlich, schlürf nicht, klecker nicht ...«. Dabei kann einem Kind natürlich der Appetit vergehen.

Ich hatte einmal einen erwachsenen Patienten in meiner Sprechstunde, der als Kind durch die Nörgelei des Vaters regelrecht in die Magersucht getrieben worden war. Er mied mit der Zeit nach Möglichkeit jede Gelegenheit, in der Gegenwart des Vaters zu essen. Zuletzt war ihm das Essen an sich so unangenehm geworden, daß er kaum noch essen mochte. Erst als er die Zusammenhänge erkannt hatte, konnte er sich als erwachsener Mensch aus diesem Teufelskreis befreien.

In allen Ernährungsempfehlungen steht für Kinder und Jugendliche die Milch an erster Stelle. In einem Fachbuch las ich kürzlich, Milch gehöre täglich auf den Tisch, um vor Knochenbrüchigkeit im Alter zu schützen. Und tierisches Eiweiß müsse unbedingt verzehrt werden, da bei Kindern der Bedarf höher sei als bei Erwachsenen.

Beides ist absolut falsch. Für den Säugling ist die Muttermilch selbstverständlich ideal. Aber wenn eine Mutter aus irgendwelchen Gründen nicht stillen kann, dann hilft kein Jammern, sondern dann muß eine Ersatznahrung her. Und das ist seit Generationen die Kuhmilch gewesen. Sie tut es auch heute noch. Etwa ein Drittel aller Kinder reagieren jedoch empfindlich auf das artfremde Eiweiß, meistens mit Hautausschlag. Es ist deshalb erfahrungsgemäß besser, sie nur als Überbrückungsnahrungsmittel zu geben und möglichst bald mit einer Löffelmahlzeit zu beginnen.

Und das tierische Eiweiß? Ist es notwendig?

Das Märchen von der Unverzichtbarkeit des tierischen Eiweißes ist eine Erfindung der Fleisch- und Milchindustrie. Es wird immer wieder aufgewärmt. Alle pflanzlichen Eiweiße enthalten alle essentiellen Aminosäuren und sind somit vollwertig. Das ist wissenschaftlich belegt. Es ist eine am Schreibtisch erdachte Theorie, wenn behauptet wird, tierisches Eiweiß sei besser verwertbar als pflanzliches.

Es gibt weltweit wiederholt durchgeführte, groß angelegte Vegetarierstudien, die belegen, daß der Vegetarier – nicht der Puddingvegetarier, sondern der vollwertige – gesünder und leistungsfähiger ist als der übliche Esser, der sich nach den überholten DGE-Richtlinien ernährt: goldener Mittelweg, nicht zu süß, nicht zu salzig, nicht zu viel, nicht zu fett, nicht zu kalorienreich... Diesen seit Jahrzehnten gepredigten lauen Regeln verdanken wir die Lawine ernährungsbedingter Zivilisationskrankheiten, die von den Krankenkassen nicht mehr getragen werden können und zwangsläufig in ein finanzielles Chaos führen müssen.

Ist das Calcium in der Milch nun wichtig, um der späteren Knochenbrüchigkeit vorzubeugen?

Calcium ist wichtig, aber nicht das aus der Milch. Das ist eine Aussage der Milchwirtschaft, um die riesigen Milchberge schneller abbauen zu können. Die Sportverletzungen bei Kindern und die vielen Oberschenkelhalsbrüche treten ja gerade bei den Generationen auf, die seit Jahrzehnten die Milchempfehlungen befolgt haben. Ich empfehle jedem Ungläubigen das Buch von Dr. Mathias Jung und mir »Der Murks mit der Milch«. In allen Obst- und Gemüsesorten sowie im Getreide, in Nüssen, kurzum in Lebensmitteln, ist ausreichend Calcium vorhanden, um den Bedarf zu decken. Es wird durch die vorhandenen biologischen Wirkstoffe sogar besser verwertet als das Calcium aus Milch oder Fleisch. Milch ist absolut unnötig, um den Calciumbedarf zu decken.

Macht man Ihnen keine Schwierigkeiten, wenn Sie so unverblümt und offen Ihre Meinung sagen?

Und ob. Ein arabisches Sprichwort sagt: »Wer die Wahrheit sagt, muß sich ein schnelles Pferd satteln.« Ich habe einen ganzen Reitstall! Man verfolgt mich mit Rufmord, mit Verleumdungen. Wenn ich allen Aussagen gerichtlich nachgehen wollte, käme ich aus dem Prozessieren nicht mehr heraus.

Haben Sie Feindbilder?

Nein, natürlich nicht. Ich könnte Ihnen privat auch nicht eine einzige Person nennen, die ich als »Feind« betrachten würde. Wenn ich die Wahrheit ausspreche, geschieht dies, um die Bevölkerung aufzuklären. Ich würde mich schämen, wenn ich durch Schweigen zur weiteren Gesundheitsmisere beitrüge. Nur diejenigen, die in Gesundheitsfragen aufgeklärt sind, können Krankheiten verhüten. Gesundheit ist und bleibt ein Informationsproblem. Unser Gesundheitssystem leidet ja daran, daß man das Kind erst in den Brunnen fallen läßt und dann den Deckel drauflegt, sprich: mit großem Aufwand Symptome kuriert, ohne die eigentlichen Ursachen schonungslos aufzudecken.

Sind Sie noch nicht müde geworden bei all diesen mühsamen Versuchen?

Müde? Nein, was ist das? Diese Aufgabe hält munter. Solange ich lebe, werde ich mich für die Gesundheitsprophylaxe einsetzen. Das ist die beste Mitgift, die wir unseren Kindern und Jugendlichen zur Verfügung stellen können.

Biologieunterricht zu Hause

Den Unterschied zwischen *Lebens*mitteln und *Nahrungs*mitteln können Sie Ihrem Kind spielerisch beibringen. Legen Sie mit ihm gemeinsam einige Getreidekörner in Blumenerde. In einen zweiten Topf säen Sie Haferflocken. Nach wenigen Tagen sieht es, wie seine Körner wachsen, die Haferflocken aber nicht aufgehen, weil sie nicht mehr »lebendig« sind. Dieser Anschauungsunterricht hilft oft mehr als langes Reden.

Diese Keimprobe dürfte auch für Sie interessant sein, zeigt sie doch, ob Sie qualitativ guten Hafer (oder anderes Getreide) gekauft haben. Die Keimfähigkeit sollte mindestens 95–98% betragen. Getreide, das nicht mehr keimt, ist »tot«. Es hat keinen größeren Wert als gekochtes oder gebackenes Korn.

Noch ein Wort zur Frischkost

Ein Drittel der Gesamtnahrung sollte in unerhitzter Form als Frischkost gegessen werden. Und dieses Drittel sollte wiederum nicht nur aus Obst bestehen, sondern überwiegend aus Gemüse, weil es mehr biologische Wirkstoffe enthält als manche ins Wässerige gezogene Obstsorten. Das Angebot ist groß: Kohlrabi, Rote Bete, Rettich, Mohrrüben, Blattgemüse, Tomaten, Gurken, Blumenkohl ... Ohne großen Aufwand können Sie diese Gemüse mit Essig, Öl oder Sahne, frischen Kräutern und Gewürzen zubereiten. Für Ihr(e) Kind(er) nehmen Sie einen Teil davon ab und zerkleinern es mit dem Schlagmesser oder Mixer. Zeigen sich die ersten Zähne, kaut Ihr Sprößling auch gern auf der ganzen Frucht herum.

Überhaupt haben viele Kinder gar nicht so eine riesige Vorliebe für Salate. Sie wollen lieber sehen und be-greifen, was sie essen. Das ist doch wunderbar. Sie haben dadurch weniger Arbeit. Stellen Sie Gemüse im Stück auf den Tisch. Dazu eine leckere Salatsoße aus Essig-Öl, frischen Gartenkräutern oder saurer Sahne, abgeschmeckt mit Senf, Curry, Gewürzen. Gewürze sind das A und O. Daran brauchen Sie auch bei einem Kleinkind nicht zu sparen. Verwechseln Sie aber Gewürze nicht mit Salz. Das sollten Sie wirklich nur als »letzten Pfiff« zugeben.

Die Ordnung unserer Nahrung

Vereinfachtes Schema nach Prof. Kollath

	Lebensmittel		
	1. natürlich unverändert unerhitzt	2. mechanisch verändert	3. fermentativ verändert
Pflan-zen-reich	**Samen z. B.** Nüsse Mandeln Sesam	**kaltgepreßte Öle**	**Eigenfermente** Hefe Bakterien
	Getreide	**Mahlprodukte** Vollkornmehl Schrot	**Breie** ungekochte Breie aus Vollkorn, Vollschrot, Vollkornmehl-»Frischkornbrei«
	Obst **Gemüse** **Honig**	**Salate** aus Obst und Gemüse Naturtrübe Säfte	**Gärsäfte** **Gärgemüse** z. B. Sauerkraut
Tier-reich	**Eier**	**Blut**	**Fleisch** Schabefleisch
	Milch	**Milchprodukte** aus unerhitzter Milch	**Gärmilch**
Ge-tränke	**Quellwasser**	**Leitungswasser**	**Gärgetränke** z. B. Most, Wein, Bier

Die Ordnung unserer Nahrung

Vereinfachtes Schema nach Prof. Kollath

Nahrungsmittel		
4. erhitzt	5. konserviert	6. präpariert
Gebäcke aus Vollkornmehl Vollkorn-Haferflocken **Breie gekocht** aus Vollkorn	**Gebäcke aus Auszugsmehl** Zwieback, Knäckebrot, Konfekt, Schokolade, Haferflocken	**Pflanzliche Präparate z.B.** Kunstfette (Margarine, Öl), Eiweiß, jeglicher Fabrikzucker, Auszugsmehl (Stärkemehl) und Produkte daraus wie Nudeln, Grieß, geschälter Reis, künstl. Aromastoffe, Vitamine, Wuchsstoffe, Fermente, Nährsalze, Mineralstoffgemische, Sojapräparate
Obst und Gemüse gekocht	**Obst- und Gemüsekonserven** Marmeladen	
Fleisch Fisch Eier gekocht bzw. gebraten	**Tierkonserven** Wurst	**Tierpräparate** z.B. Fleischextrakt
Erhitzte Milch und Produkte daraus	**Milchkonserven** H-Milch H-Sahne	**Milchpräparate** Säuglingsnahrung
Extrakte Teearten Brühe	**Gemische** Kunstwein	**Destillate** künstl. Mineralwasser Branntwein

Wann wird man unsere Kinder
in der Schule lehren, was sie selbst sind?
Jedem dieser Kinder sollte man sagen:
Weißt du, was du bist?
Du bist ein Wunder!
Du bist einmalig!
Auf der ganzen Welt gibt es kein zweites Kind,
das genauso ist wie du.
Und Millionen von Jahren sind vergangen,
ohne daß es je ein Kind gegeben hätte wie dich.
Schau deinen Körper an, welch ein Wunder!
Deine Beine, deine Arme, deine geschickten Finger,
deinen Gang.
Aus dir kann ein Shakespeare werden,
ein Michelangelo, ein Beethoven.
Es gibt nichts, was du nicht werden könntest.
Jawohl, du bist ein Wunder.
Und wenn du erwachsen sein wirst,
kannst du dann einem anderen wehe tun, der,
wie du selbst,
auch ein Wunder ist?

Pablo Casals

Für eilige Mütter Rezepte von A bis Z

Ein Verlag, ein Haus, eine Philosophie

Millionen Bundesbürger kennen den kämpferischen Ganzheitsarzt Dr. Max Otto Bruker (1909–2001) aus dem Fernsehen, aus Vorträgen, durch den »Mundfunk« überzeugter Patienten. Vor allem lesen sie aber die rund 30 Bücher des schwäbischen Humanisten und Seelenarztes. Mit einer Gesamtauflage von über drei Millionen Exemplaren ist Max Otto Bruker der wohl bedeutendste medizinische Erfolgsautor im deutschsprachigen Raum. Der – in der Nachfolge des Schweizer Reformarztes Bircher-Benner scherzhaft »Deutschlands Vollwertpapst« genannte – Massenaufklärer, langjährige Klinikchef und Ernährungsspezialist lehrt zwei fundamentale Erkenntnisse Patienten wie Gesunden: Der Mensch wird krank, weil er sich falsch ernährt. Der Mensch wird krank, weil er falsch lebt.

Hinter den Erfolgstiteln des emu-Verlages steht ein bedeutender Forscher und Arzt, eine Bewegung, ein Haus und tausende Schülerinnen und Schüler. 1994 wurde das »Dr.-Max-Otto-Bruker-Haus«, das Zentrum für Gesundheit und ganzheitliche Lebensweise, auf der Lahnhöhe in Lahnstein bei Koblenz bezogen. Es stellt die äußere Krönung des Brukerschen Lebenswerkes dar: Der lichte Bau mit seinem Grasdach, den Sonnenkollektoren und den Wasserrecyclinganlagen, seinen Seminarräumen, dem Foyer mit der Glaskuppel und dem liebevollen Biogarten ist als Treffpunkt für all jene konzipiert, denen körperliche und seelische Gesundheit, ökologische und spirituelle Harmonie Herzensbedürfnis und Sehnsucht sind.

Hinter dem eleganten Halbmondkorpus mit dem markanten Grasdach verbirgt sich eine Begegnungsstätte für Gesundheitsbewusste, Seminarteilnehmer, Trost-, Ruhe- und Anregungsbedürftige.

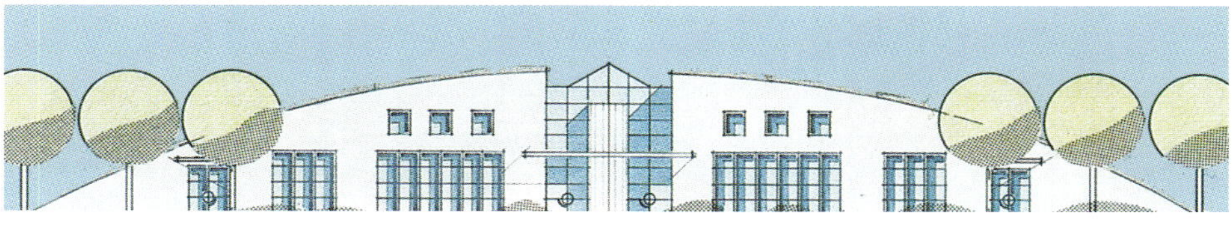

Das »Dr. Max Otto Bruker-Haus«

Feste Termine:

Jeden Dienstag, 18.30 Uhr: Vortrag Dr. phil. Mathias Jung (Lebenshilfe und Philosophie)
Jeden Mittwoch, 10.30 Uhr: Fragestunde mit Dr. Birmanns (Ärztlicher Rat aus ganzheitlicher Sicht)

Ausbildung Gesundheitsberater/in GGB
Lebensberatung/Frauen-, Männer- und Paargruppen

Die vitalstoffreiche Vollwertkost hat ihre Verbreitung, auch im klinischen Bereich, durch die unermüdliche Information und praktische Durchführung von Dr. M. O. Bruker gefunden. Um die Erkenntnisse gesunder Lebensführung und die durch falsche Ernährung provozierte Krankheitslawine ins öffentliche Bewusstsein zu rücken, bildet die von ihm 1978 gegründete »Gesellschaft für Gesundheitsberatung GGB e. V.« Gesundheitsberaterinnen und Gesundheitsberater GGB aus. Über 4000 Frauen und Männer haben bislang die berufsbegleitende Ausbildung bestanden und wirken in Volkshochschulen, Bioläden, Lehrküchen, Krankenhäusern, ärztlichen Praxen, Krankenversicherungen und ähnlichen Bereichen.

Auf der Lahnhöhe erhalten sie durch das GGB-Expertenteam nicht nur eine sorgfältige Grundlagenausbildung über die vitalstoffreiche Vollwerternährung und den Krankmacher der »entnatürlichten« (denaturierten) Zivilisationsernährung (raffinierter Fabrikzucker, Auszugsmehle, fabrikatorische Öle und Fette, tierisches Eiweiß usw.), sondern gewinnen auch Einblick in die leibseelischen Zusammenhänge der Krankheiten.

Anfragen zur Gesundheitsberater-Ausbildung wie zu den Selbsterfahrungsgruppen, Lebensberatung, Paartherapie und Psychotherapie bei Dr. Mathias Jung und weiteren Tages- und Wochenendseminaren sowie Einzelberatung sind zu richten an die
Gesellschaft für Gesundheitsberatung GGB e.V.,
Dr.-Max-Otto-Bruker-Str. 3, 56112 Lahnstein
(Tel.: 02621 / 917010, 917017, 917018, Fax: 02621/917033).

Fordern Sie ebenfalls ein kostenloses Probe-Exemplar der Zeitschrift »Der Gesundheitsberater« an.

Bücher von Dr. med. M. O. Bruker und Co-Autoren

Bruker: **Unsere Nahrung – unser Schicksal**
464 S., gebunden,
ISBN 3-89189-003-6

Bruker: **Lebensbedingte Krankheiten**
376 S., gebunden,
ISBN 3-89189-006-0

Bruker: **Idealgewicht**
128 S., gebunden,
ISBN 3-89189-005-2

Bruker: **Stuhlverstopfung**
144 S., gebunden,
ISBN 3-89189-004-4

Bruker: **Herzinfarkt**
184 S., gebunden,
ISBN 3-89189-007-9

Bruker: **Leber-, Galle-, Magen-, Darm- und Bauchspeicheldrüsenerkrankungen**
376 S., gebunden,
ISBN 3-89189-008-7

Bruker: **Erkältungen**
168 S., gebunden,
ISBN 3-89189-009-5

Bruker: **Rheuma – Ursache und Heilbehandlung**
184 S., gebunden,
ISBN 3-89189-010-9

Bruker/Gutjahr: **Biologischer Ratgeber für Mutter und Kind**
360 S., gebunden,
ISBN 3-89189-011-7

Bruker: **Diabetes – Ursachen und biologische Behandlung**
128 S., gebunden,
ISBN 3-89189-012-5

Bruker: **Allergien**
264 S., gebunden,
ISBN 3-89189-033-8

Bruker/Gutjahr: **Zucker, Zucker ...**
336 S., gebunden,
ISBN 3-89189-034-6

Bruker: **Kopfschmerzen**
160 S., gebunden,
ISBN 3-89189-035-5

Bruker/Gutjahr: **Wer Diät ißt, wird krank**
217 S., gebunden,
ISBN 3-89189-037-0

Bruker/Gutjahr: **Cholesterin**
144 S., gebunden,
ISBN 3-89189-036-2

Bruker/Gutjahr: **Osteoporose**
144 S., gebunden,
ISBN 3-89189-038-9

Bruker/Gutjahr: **Reine Frauensache**
248 S., gebunden,
ISBN 3-89189-042-7

Bruker/Jung: **Der Murks mit der Milch**
240 S., gebunden,
ISBN 3-89189-045-1

Bruker/Gutjahr: **Fasten – aber richtig**
176 S., gebunden,
ISBN 3-89189-061-3

Bruker/Gutjahr: **Störungen der Schilddrüse**
176 S., gebunden,
ISBN 3-89189-062-1

Bruker/Gutjahr: **Candida albicans**
176 S., gebunden,
ISBN 3-89189-069-9

Bruker/Gutjahr: **Krampfadern**
120 S., gebunden,
ISBN 3-89189-074-5

Bruker: **Ärztlicher Rat aus ganzheitlicher Sicht**
456 S., gebunden,
ISBN 3-89189-002-8

Bruker/Gutjahr: **Naturheilkunde**
320 S., gebunden,
ISBN 3-89189-072-9

Bruker/Sandler: **Vorsicht Fluor**
432 S., Broschur,
ISBN 3-89189-013-3

Bruker/Ziegelbecker:
Vollwerternährung schützt vor Viruserkrankungen
160 S., Broschur,
ISBN 3-89189-017-6

Bruker: **Kleinschriftensammelmappe**
33 St., 4–16 Seiten Umfang,
ISBN 3-89189-018-4

Bruker: **Aufmerksamkeiten**
149 S., gebunden,
ISBN 3-89189-014-1

Gutjahr: **Das große Dr. Max Otto Bruker Ernährungsbuch**
256 S., gebunden,
ISBN 3-89189-065-6

Gutjahr: **Vollwertkost zum Kennenlernen**
32 S., Drahtheftung,
ISBN 3-89189-075-3

Gutjahr: **Vollwertkost ohne tierisches Eiweiß**
64 S., gebunden,
ISBN 3-89189-019-2

Ilse Gutjahr: **Iss, mein Kind**
144 S., gebunden,
ISBN 3-89189-064-8

Ilse Gutjahr/Erika Richter:
Streicheleinheiten
144 S., gebunden,
ISBN 3-89189-063-X

Waltraud Becker: **Lust ohne Reue**
192 S., gebunden,
ISBN 3-89189-068-0

Ilse Gutjahr: **... einfach raffiniert! Neue Vollwertrezepte ohne tierisches Eiweiß – schnell, lecker & gesund!**
120 S., Broschur mit Klappen,
ISBN 3-89189-099-0

Ilse Gutjahr/Werner Sonntag
Sport und Vollwerternährung
Vollwertig Sport treiben
244 S., Broschur mit Klappen,
ISBN 3-89189-108-3

Ilse Gutjahr/Erika Richter
Brot backen
Vollkornbrote und Aufstriche aus der eigenen Küche
112 S., Broschur mit Klappen,
ISBN 3-89189-113-X

Dr. med. M. O. Bruker
Ilse Gutjahr

Biologischer Ratgeber für Mutter und Kind

Ernährung, Stillen, Impfungen, Kinderkrankheiten

emu verlag

360 Seiten, gebunden,
ISBN 3-89189-011-7

Dr. med. Max Otto Bruker
Dr. phil. Mathias Jung

Der Murks mit der Milch

Gesundheitsgefährdung durch Milch
Genmanipulation und Turbokuh
Vom Lebensmittel
zum Industrieprodukt

emu verlag

240 Seiten, gebunden,
ISBN 3-89189-045-1

256 Seiten, gebunden,
ISBN 3-89189-065-6